SPAN
232.9
ORB

BLUE ISLAND PUBLIC LIBRARY

FEB 1 3 2015

D1793578

DATE DUE			
MAR 3 2015			
JAN 1 3 2016			
JAN 2 7 2016			
OCT 2 0 2016			
			PRINTED IN U.S.A.

FERNANDO DE ORBANEJA

JESÚS Y MARÍA
LO QUE LA BIBLIA TRATÓ DE OCULTAR

EDICIONES B
GRUPO ZETA

Barcelona • Bogotá • Buenos Aires • Caracas • Madrid • México D.F. • Montevideo • Quito • Santiago de Chile

1.ª edición: septiembre 2006

© Fernando de Orbaneja Aragón, 2006
© Ediciones B, S. A., 2006
    Bailén, 84 - 08009 Barcelona (España)
    www.edicionesb.com

Printed in Spain
ISBN: 84-666-3011-2
ISBN 13: 978-84-666-3011-5
Depósito legal: B. 32.826-2006
Impreso por LIBERDÚPLEX, S.L.U.
Ctra. BV 2249 Km 7,4 Polígono Torrentfondo
08791 - Sant Llorenç d'Hortons (Barcelona)

Todos los derechos reservados. Bajo las sanciones establecidas
en las leyes, queda rigurosamente prohibida, sin autorización
escrita de los titulares del *copyright*, la reproducción total o parcial
de esta obra por cualquier medio o procedimiento, comprendidos
la reprografía y el tratamiento informático, así como la distribución
de ejemplares mediante alquiler o préstamo públicos.

FERNANDO DE ORBANEJA

JESÚS Y MARÍA
LO QUE LA BIBLIA TRATÓ DE OCULTAR

A los curas. Que tanto nos han mentido

Di una mentira, después di una verdad
y todos creerán que es mentira.

Del Código de Hammurabi

Galeato

Tratar de escribir las biografías de María y de Jesús Nazareno resulta difícil, por no decir imposible, porque no existen datos históricos fidedignos (salvo los relatos interesados). Nada se sabe cierto sobre sus nacimientos, su apariencia física, sus pensamientos, sentimientos o costumbres, o sobre sus muertes. Realmente no existen pruebas fehacientes sobre la historicidad de Jesús, y por tanto, de María; incluso los primeros cristianos reconocían que la historia y la doctrina de Jesús no eran originales y estaban basadas en mitos solares ancestrales.

Sabemos que la Biblia fue escrita a lo largo de siglos por varios autores que recogieron las tradiciones orales del pueblo hebreo. Por eso el resultado es un texto oscuro y confuso. El ambiguo estilo bíblico recoge una serie de ideas desordenadas, inconexas y superfluas que se detienen en detalles secundarios mientras que se limitan a rozar los temas o hechos importantes. Con este sistema y recurriendo al «razonamiento-comodín» de que sus escritos son alegóricos, cuando conviene, o literales, cuando hace falta, las enseñanzas bíblicas se prestan a todo tipo de interpretaciones, lo que ha permitido que sirvan de fundamento a religiones tan heterogéneas como la judía, la católica, las numerosas protestantes y hasta la musulmana.

En toda la literatura bíblica, tanto del Antiguo como del Nuevo Testamento y tanto en los textos canónicos como en los apócrifos y gnósticos, existen numerosas incorrecciones de forma y contradicciones de fondo, todo ello propio de escritores obcecados por el proselitismo y la propaganda religiosa, pero carentes de rigor histórico y de autenticidad humana.

Es preciso tener en cuenta que en los comienzos del cristianismo no existía una literatura evangélica, sino relatos orales en los que se sostenían opiniones particulares, supuestamente basadas en la autoridad de Jesús, que incluso se contradecían entre sí. Por si fuera poco, los Evangelios conocidos no son originales, son simples recopilaciones y extractos para uso privado e interno de las diferentes sectas primitivas de cristianos, de fechas y autores dudosos, que han sufrido numerosas enmiendas, interpolaciones y añadidos, promovidos por la Iglesia.

La Iglesia ha conseguido que el Jesús histórico y el Cristo de la fe se hayan fundido tan estrechamente que es imposible separar lo histórico de lo legendario. La historia ha demostrado, y desgraciadamente sigue haciéndolo, que la mentira, la tergiversación, la difamación y las medias verdades son más creíbles y poderosas que los hechos reales. Se han construido auténticas leyendas, cada vez más novelescas, y luego se ha determinado que eso era la verdad revelada, en la que hay que creer ciegamente. Se dice que «las afirmaciones extraordinarias requieren pruebas extraordinarias», pero en este caso no existe ninguna prueba, ni extraordinaria ni ordinaria, ni siquiera sobre la existencia física de Jesús. La Iglesia ha sabido aprovechar la buena fe y la ignorancia del pueblo y hasta la de sus propios sacerdotes. De tal forma que el mito creó los Evangelios, la imposición dogmática y el oscurantismo los han conservado, pero la investigación científica los está desmantelando.

Según la Iglesia, el propósito de los Evangelios es referir la vida y doctrina de Jesús, y su objetivo primordial, el de exhortar a los cristianos de las diferentes sectas. Pero, después de dos mil años, la Iglesia aún no ha podido averiguar el día, ni siquiera el año, del nacimiento y de la muerte de Jesús, ni de María, su madre, ni de José, su padre reconocido. Sigue sin saberse nada concreto sobre su posición, su familia, sus costumbres o sobre la formación que recibió. No se ha conseguido dar una imagen de Jesús consistente y homogénea. No se sabe nada de sus hermanos y hermanas, a pesar de que son nombrados en los Evangelios, ni se sabe nada del propio Jesús hasta los treinta años; sólo se afirma que vino al mundo milagrosamente y que murió ajusticiado. Su supuesta vida terrenal fue interpretada simbólicamente por medio de las profecías del Antiguo Testamento y de la tradición religiosa de Israel.

Los Evangelios gnósticos y los apócrifos salieron a la luz a la vez que los canónicos, siendo acogidos con la misma confianza y respeto que éstos, incluso aquéllos se citaban con más preferencia y veneración por los primeros Padres de la Iglesia. Resulta sorprendente comprobar que en ninguno de los escritos de los primeros tiempos aparecen los nombres de Mateo, Marcos, Lucas y Juan. Las palabras de Jesús que recogen los evangelistas fueron aprendidas, sin duda, por tradición oral, y en todo caso no por los textos canónicos, sino precisamente por los escritos que se suprimieron. Santiago, Bernabé, Clemente Romano y hasta el mismo Pablo citan palabras de Jesús tomadas de los Evangelios no canónicos. Por tanto no existen motivos fundados para creer que unos sean «más auténticos» que los otros. Por otra parte, según Waite: «Casi todos los escritos relativos a los Evangelios, hasta el año 325, y todas sus copias se han perdido o fueron destruidas.»

Los «cristianos» verdaderamente originales (aunque sea una denominación anacrónica), es decir, Jesús y los doce apóstoles, eran judíos, practicaban el culto judío y pensaban como judíos. Los Evangelios, escritos varios años después de los sucesos que relatan, fueron redactados por personas que no fueron testigos directos de los hechos, para una audiencia helenizada; por eso Pablo y los evangelistas utilizan procesos mentales helenísticos, y urdieron una historia de Jesús inventada, que no podía ser desmentida porque los testigos oculares ya habían desaparecido. Para darles mayor credibilidad se atribuían los escritos a los apóstoles; hoy se sabe que éstos no escribieron ningún Evangelio y existen razonables dudas sobre las cartas que se les adjudican.

Ante la proliferación de escritos sobre Jesús se hizo necesario definir el canon, para lo cual se convocó el Concilio de Nicea (año 325); sus decisiones fueron refrendadas por el de Laodicea (año 363), y en él se eligieron, por medio de un milagro, sólo cuatro Evangelios, desechando los demás. Según una versión del milagro, los Evangelios «auténticos» se colocaron solos sobre el altar movidos por las oraciones de los obispos. Otra versión asegura que se pusieron sobre el altar todos los Evangelios, y al orar, pidiendo a Dios que eligiera los verdaderamente inspirados, se produjo una especie de pequeño terremoto que hizo caer al suelo los Evangelios «falsos», y quedaron sobre el altar los canónicos. Por último, en otra versión se dice que entró en el concilio el Espíritu Santo, en forma de paloma, y se fue posando sobre el hombro derecho de cada obispo diciéndoles al oído cuáles eran los Evangelios revelados. Los pájaros son un símbolo ancestral de los espíritus, por eso se representa al Espíritu Santo en forma de paloma cernida en el aire (por cierto, las palomas no se ciernen, como ocurre con los halcones o las gaviotas).

A esto conviene añadir que se eligieron cuatro Evangelios porque hay cuatro puntos cardinales básicos: Norte, Sur, Este y Oeste; según otros porque en aquel entonces se creía que el universo se componía de cuatro elementos: tierra (Tauro), agua (Escorpio), aire (Acuario) y fuego (Leo); otros dicen que es porque hay cuatro estaciones al año: primavera, verano, otoño e invierno; por último, otros dicen que es por los cuatro querubines del Zodiaco: el hombre, el buey, el león y el águila. Con estas «explicaciones» no es de extrañar que los no cristianos, e incluso muchos cristianos, se sorprendan con frecuencia de la frivolidad del catolicismo.

El más antiguo de los Evangelios se escribió unos cincuenta años después de Jesús; recoge testimonios de testimonios, y ya sabemos que las cosas se relatan cada vez de forma diferente, en especial cuando hace años que se han producido los hechos y cuando se desea resaltar determinados sucesos y personajes. Si en estos tiempos de exhaustiva información aún no sabemos la verdad sobre el asesinato del presidente John F. Kennedy, ocurrido hace casi cincuenta años, o sobre hechos mucho más recientes, como el ataque a las Torres Gemelas de Nueva York y al Pentágono, a pesar de haberlos visto por televisión, ¿cómo vamos a fiarnos de relatos de personas que no fueron testigos y que escribieron cincuenta años después sus narraciones?

Los tres primeros Evangelios canónicos constituyen los llamados sinópticos, es decir, que pueden ser comparados entre sí, y son:

Evangelio de Mateo. Es el de peor estilo literario y existen serias dudas sobre su autoría. Se escribió en griego hacia el año 180. Es una colección de enseñanzas de Jesús y de tradiciones orales que ofrece muy poca credibilidad. Según dicen, fue escrito a ruego de los judíos, se limita a resumir el *Evangelio de los Hebreos o de los Nazarenos* y ha sido acomodado al dogma numerosas veces, adaptándose a las evoluciones que éste sufría.

Evangelio de Marcos, posible discípulo de Pedro que resume las predicaciones de su maestro. Fue escrito hacia el año 175 (después de la destrucción de Jerusalén) por un romano que no conocía la geografía palestina. Está inspirado en la versión en latín del *Evangelio de Marción.* Comienza hablando de Juan el Bautista, considerado el adalid de los nazarenos y de los mandeos.

Evangelio de Lucas, presunto discípulo e intérprete de Pablo. Fue escrito en griego alrededor del año 170, es el más culto. Recoge las ideas de los numerosos escritos y tradiciones orales de la época, eliminando aquellos pasajes considerados no ortodoxos.

El cuarto, el *Evangelio de Juan,* suscitó muchas dudas a la hora de incluirlo en el canon por ser marcadamente gnóstico; aunque no hay que olvidar que la primitiva fe cristiana fue gnóstica. Se ha adjudicado a Juan, pero está demostrado que su autor no pudo ser uno de los apóstoles, el «discípulo amado»; entre otras razones porque éste nació en Betsaida y el autor ubica equivocadamente esta ciudad, además no conoce la geografía ni la historia de Palestina y es antijudío. Parece que fue escrito por una «escuela juánica» de Alejandría; otros lo atribuyen a un monje llamado Juan y por último algunos lo atribuyen a Filón (llamado el Platón hebreo), pues sus escritos sobre Serapis son muy semejantes a los de este Evangelio, además es difícil comprender su doctrina sin tener en cuenta la teología egipcia, como la recoge precisamente Filón; es posible que éste escribiera un primitivo documento en el que se inspiró Juan o quien fuera el autor. Se considera el último de los Evangelios canónicos; se debió de escribir en griego en el año 178.

Todos los Evangelios canónicos han sufrido varias modificaciones con el fin de refutar ciertas herejías y corrientes de pensamiento. A menudo se refugian en ciertas profecías, aplicándolas a Jesús, pero no tienen en cuenta que la mayoría de ellas no se refiere a una persona, sino al pueblo de Israel.

Los Evangelios apócrifos son, en general, más antiguos que los canónicos, pero fueron olvidados o destruidos cuando la Iglesia fue poderosa, por no ser considerados revelados. Los más conocidos son:

Evangelio de los Hebreos o de los Nazarenos. Se trata de un Evangelio judeocristiano del que los canónicos recogen mucha información, en especial Mateo y Marcos, desechando aquellos conceptos o episodios que no se amoldaban a sus ideas preconcebidas.

Protoevangelio de Santiago, que sin duda no escribió Santiago; se ignora quién es su autor, posiblemente fue un judío cristiano que vivía en Egipto, pues desconoce la geografía de Palestina y las costumbres hebreas, y se escribió en el siglo II, aunque sufrió añadidos en el siglo V; está muy influido por el Antiguo Testamento; este Evangelio afectó poderosamente a la liturgia, la literatura y el arte cristianos.

Evangelio de Pseudo-Mateo. Puede datar del siglo VI, está compuesto de dos partes, en la primera hace una reelaboración del anterior y en la segunda recoge tradiciones orales y datos del *Evangelio de Pseudo-Tomás.*

La Natividad de María. Se atribuye a san Jerónimo, parece que se escribió en el siglo IX, y aclara ciertos pasajes del de Mateo.

Evangelios armenio y árabe de la infancia. Recogen datos de los Evangelios de Mateo y Santiago, añadiendo episodios tan curiosos que parecen sacados de los cuentos de *Las mil y una noches.*

Historias copta y árabe de José el carpintero, donde se narra la vida y muerte de José en forma de conversación de Jesús con los apóstoles, se cree que fue escrito en el siglo IV.

Evangelio de Pedro. Descubierto en 1886, el relato está puesto en boca de san Pedro, se debió de escribir entre los años 120 y 130, sólo se conserva un fragmento de la Pasión y de la Resurrección; culpa de la orden de ejecución de Jesús a Herodes y no a Pilatos, con lo cual, el delito recae sobre los judíos.

Evangelio de Nicodemo. También llamado *Hechos de Pilatos,* fue escrito seguramente por un judío cristianizado. Está compuesto de tres partes, el manuscrito latino se escribió a principios del siglo V y a consecuencia de los curiosos hechos que narra, las iglesias de Siria y de

Egipto veneran a Pilatos como santo y mártir, pues le presenta casi como un cristiano.

Evangelio de Bartolomé, cargado de supersticiones, se trata de un Evangelio apocalíptico en el que Bartolomé interroga a Jesús resucitado sobre varios misterios.

Libro de Juan evangelista, un libro sobre la Asunción de María, escrito en el siglo IV.

Libro de Juan, arzobispo de Tesalónica, en el que se recoge la tradición sobre la Asunción y la dormición de María.

Evangelio de la venganza del Salvador.
Evangelio de la muerte de Pilatos.
Evangelio cátaro de Pseudo-Juan.
Evangelio del tránsito de la Virgen María.
Evangelio de los Cuatro Rincones.
Evangelio de Judas Iscariote.
Evangelio de Eva.
Evangelio de Taciano o de los Encratitas.
Evangelio de Ammonio.
Evangelio de Apeles.

Muchos de ellos se han perdido o se han hecho desaparecer.

Los Evangelios gnósticos más conocidos son:

Evangelio del Señor de Marción de Pontus (100-160), un gnóstico, que escribió también el *Apostolicon,* en el que figuraban diez epístolas de Pablo. Está considerado por los estudiosos como el primer Evangelio, fue escrito en sirio-caldeo varias décadas antes que los canónicos, tuvo una enorme influencia en todos los Evangelios posteriores. El Jesús de este Evangelio no nació, sino que «descendió en Cafarnaún», pues los gnósticos no podían admitir que Jesús, el Hijo de Dios, hubiera venido en carne humana (docetismo).

Evangelio de Felipe, debió de tomar este nombre porque es el único apóstol citado en el texto; se consideraba a Felipe, junto con Tomás, Mateo y María Magdalena, depositarios de la doctrina secreta de Jesús. Se trata de una colección de temas teológicos expresados en forma de parábolas, aforismos y diálogos. Muchos lo confunden con el *Evangelio de Valentino.*

Evangelio de Tomás, llamado el «gemelo» porque se creía que lo era de Jesús, unos lo consideran gnóstico y otros, maniqueo. Data del siglo II y se ha perdido el original. Narra la infancia de Jesús.

Evangelio de los Egipcios. Su verdadero nombre es *Libro sagrado del gran Espíritu invisible,* también confundido con el de los hebreos, es quizás el que ha sufrido mayores modificaciones, revela una concepción gnóstica del alma y de la Trinidad, formada por el Padre, la Madre y el Hijo. Este libro pretende ser el famoso libro que escribió Set (tercer hijo de Adán y Eva), que superó todos los avatares de la historia hasta ser transmitido y enseñado a los iniciados. Algunos sostienen que fue uno de los presentes de los Reyes Magos a Jesús.

Evangelio de los Ebionitas. Probablemente es el mismo que el *de los Doce;* según parece es el más antiguo de todos y tiene una acusada tendencia gnóstica.

Evangelio de María, de María Magdalena, la verdadera protagonista; contrapone a la autoridad de los apóstoles, en especial a la de Pedro, la supremacía de María Magdalena y de Santiago, hermano de Jesús, por ser poseedores de la doctrina secreta.

Evangelio de la Verdad, atribuido a Valentino o a uno

de sus discípulos más allegados. En realidad se trata de un sermón gnóstico.

Diálogo del Salvador con sus discípulos Tomás, Mateo y María Magdalena; curiosamente sólo llama «Salvador» a Jesús al principio, luego exclusivamente «Señor». Su autor es desconocido.

Sabiduría de Jesucristo, escrito en forma de diálogo y trata de dar unidad a las enseñanzas gnósticas.

Evangelio de Valentino, de marcado carácter gnóstico.

Libro de Tomás, el Atleta. Es muy posible que el verdadero nombre de Tomás fuera Judas, al que se le conoció como Tomás, que significa «gemelo», tanto para diferenciarlo de Judas Iscariote como para indicar que era hermano gemelo de Jesús; se hizo lo imposible por perder esta tradición por imposición ortodoxa y con el fin de defender la virginidad de María. Lo de «atleta» es para demostrar su lucha constante contra los deseos del cuerpo. Se compone de dos partes: la primera es un diálogo entre Tomás y Jesús y la segunda, un monólogo de Jesús explicando su doctrina.

Apócrifo de Santiago, también llamado *Epístola esotérica de Santiago*, encierra la doctrina esotérica fundamental.

Existen también fragmentos de otros Evangelios, así como unas presuntas misivas entre Jesús y el rey de Edesa y entre Poncio Pilatos y Tiberio. También existe una supuesta correspondencia entre Pilatos y Herodes, junto con unas hipotéticas declaraciones de José de Arimatea. Toda esta literatura trata de recoger las leyendas que corrían por el primitivo mundo cristiano con añadidos de hechos y dichos imaginarios, con fines claramente proselitistas, pero de ningún valor histórico. La leyenda evangélica comenzó a escribirse y divulgarse mucho tiempo después de la fecha de la muerte de Jesús. Desgraciadamente la mayor parte de los Evangelios apócrifos y gnósticos han sido eliminados por la Iglesia, es seguro que podrían haber aportado importantes y quizá decisivos datos.

Los Rollos del Mar Muerto, descubiertos en Qumrán (que significa «bóveda» o «entrada»), al ser investigados por científicos independientes, han cambiado radicalmente la visión de Jesús y del Nuevo Testamento. También han permitido demostrar que existen varios textos diferentes de la Biblia y que la famosa traducción de los Setenta, la *Septuaginta,* se basa exclusivamente en uno de esos textos, por desconocimiento de los demás, por lo tanto no existe ninguna versión exacta de la Biblia. Los rollos encontrados facilitan mucha información sobre la secta de los esenios, que junto a los fariseos y los saduceos constituían prácticamente la población de Palestina en aquel siglo.

La llamada Biblioteca de Nag Hammadi, hallada en 1945; constituye, junto con los Rollos de Qumrán, el mayor descubrimiento de los últimos tiempos, y ha permitido una información importante sobre las ideas religiosas de la época y en especial de los gnósticos. Contienen los *Evangelios de Tomás y de Felipe,* así como tratados teológicos, apocalipsis y frases de Jesús, que datan del siglo IV de la Era Común.

Decía Renan, con gran sagacidad, que sólo conoce una religión el que la ha abandonado, porque sólo después de abandonarla se reflexiona lo suficiente para llegar a conocerla. Es indudable que todos somos herejes, en el sentido etimológico de la palabra (del griego *haireo* o *hairesis*, que significa «coger una faceta de algo olvidándose de lo demás» y también «aspecto del pensamiento»), porque no es posible abarcarlo todo y, en ese sentido, somos siempre parciales. Ni tampoco es posible comulgar totalmente con la creencia oficial, salvo si se es un gregario. A pesar de todo, trato de ser lo más objetivo posible y definir, en este libro, las biografías de María y de Jesús sin inventar nada y sin tomar partido, exponiendo sólo los datos existentes en los Evangelios canónicos, gnósticos y apócrifos, en la tradición, en los escritores de la época y en las últimas investigaciones, añadiendo algún comentario razonable y razonado. Dice Crossan, de las investigaciones sobre el Jesús histórico, que lo que llaman historia no es más que teología.

La literatura que he resumido es más o menos interesada, por ello es necesario acudir a los historiadores de la época e inmediatamente posteriores, el resultado no ha sido muy fructífero que digamos.

Basándonos en todos estos materiales y en las últimas investigaciones, vamos a entrar en materia. Convencidos de que si un día la Iglesia autorizara el estudio de sus archivos secretos las cosas cambiarían radicalmente; será difícil que esto ocurra porque quedarían destruidos los cimientos de sus dogmas y preceptos.

Orígenes del mito

Todas las culturas y naciones han tenido su fundación mitológica; como es lógico, Israel no fue una excepción, y la leyenda de sus orígenes, relatada en el Antiguo Testamento, tiene la misma credibilidad que la quimérica fundación de Roma por Rómulo y Remo.
Los gnósticos existieron prácticamente desde los orígenes de las religiones; se han encontrado signos de ello en Mesopotamia, Egipto, la India, etcétera, hasta bien entrada la Era Cristiana. Para los primitivos, el Sol, la Luna y diversos astros se tomaban como guías que luego serían personificadas; el Sol era el falo o *lingam* y la Luna era la vulva o *yoni*, los generadores de la vida. Con este mito se explicaba el origen de la vida en la Tierra, y más adelante, al desarrollarse, se incorporaron nuevos cuerpos celestes, nuevos personajes, llamados signos o constelaciones. El cielo se dividió en doce secciones de 30° cada una que representaban las constelaciones del Zodiaco y los aspectos de la vida terrestre. Por esa razón hay doce signos astrológicos, doce «casas» por las que discurre el Sol en su movimiento diario (Aries, Tauro,

Géminis, Cáncer, Leo, Virgo, Libra, Escorpio, Sagitario, Capricornio, Acuario y Piscis), doce horas de día, doce horas de noche, doce ayudantes de Horus, doce discípulos de Ahura Mazda, doce trabajos de Heracles, doce tribus de Israel, doce patriarcas, doce discípulos de Jesús, y muchas más «casualidades».

Los *Elohim* del Antiguo Testamento se convirtieron en *El,* que era precisamente el Sol, la «estrella diurna», en contraposición a Cronos / Saturno, la «estrella nocturna». *El* o *Elí* es *Helios,* el Sol, que es adorado en casi todas las culturas. El nombre de *Baal* significa «Señor» o «esposo» y en idiomas antiguos significaba «Sol»; así mismo *Adonis,* cuyo plural es *Adonai,* es el término usado en la Biblia con el significado de «Señor». Por lo tanto, *El, Elí, Elías, Baal* y *Adonai* son nombres del Sol. La Biblia está cargada de mitos astrológicos, pues estaban tan unidos a las religiones que era imposible separarlos. La mayoría de los personajes bíblicos no existió realmente, son alegorías de cuerpos celestes y de lugares tradicionalmente significativos.

Es indudable que el primer dios israelita, en la era de Tauro, fue el Sol; cuando éste pasó a Aries cambió el nombre por el término egipcio *Iao,* que representaba la totalidad de Dios (pues *I* representaba la unidad, *a* el inicio, alpha, y *o* el final, omega); y de ahí se derivan *YHWH, Jahweh, Yahvé, Jehová, Judá* y *Judas.* Según algunos, la palabra Israel, Is-Ra-El, está compuesta por tres deidades: *Isis,* la diosa egipcia, *Ra* el dios del Sol y *El,* también un dios de origen solar.

Las trayectorias principales del Sol son:

– El Sol «muere» en el solsticio de invierno.
– «Resucita» al tercer día el 25 de diciembre.

- El Sol nace de la Luna nueva, la Luna «virgen», en Virgo.
- Al nacimiento asisten las tres estrellas de Orión, los «tres reyes».
- Al mediodía, las doce, el Sol está en su apogeo; Jesús, a los doce años, en el Templo con los doctores.
- Cada 30° el Sol entra en los diferentes signos del Zodiaco; Jesús empieza su predicación a los treinta años, quedándose en Acuario, el «aguador», o sea Juan el Bautista.
- El Sol es el «Carpintero» que construye las «casas» por las que discurre el Sol, el oficio de su padre José.
- Los doce signos del Zodiaco y los doce discípulos.
- El Sol es «ungido» cuando sus rayos se sumergen en el mar.
- El Sol transforma el agua de la lluvia en vino, madurando la uva.
- El Sol se refleja en el agua, «anda sobre el agua».
- El Sol entra en Cáncer con dos estrellas llamadas «asnos» y alcanza su plenitud; entrada triunfal en Jerusalén.
- El Sol, al entrar en Leo, se produce el verano.
- El Sol, traicionado por Escorpio / Judas, pierde su fuerza.
- El Sol es sacrificado entre dos ladrones: Sagitario y Capricornio.
- El Sol es crucificado en los equinoccios; en primavera se produce la Pasión.
- El Sol «muere», como en el atardecer y en el otoño.
- El Sol comete incesto con su madre, la Luna, al producirse los eclipses.

- El Sol es «la luz del mundo», «el salvador», «el creador», «el dador de vida», «el logos o verbo de Dios».
- El Sol, al ser «el ojo que todo lo ve», era considerado el juez que nos juzgará al final de los tiempos.

Resulta curiosa y significativa la similitud de los recorridos del Sol con las vidas de Jesús y de otras deidades como Attis, Dionisos / Baco, Heracles / Hércules, Horus / Osiris, Krishna, Buda, Mitra, Prometeo, Orfeo, Serapis, Zaratustra / Zoroastro y hasta Quetzalcoatl de México. (Véase Cuadro comparativo al final de la obra.) Todos ellos fueron personajes legendarios que personificaban el mito solar, llegando a convertir el símbolo del Sol en un personaje histórico. Por eso, los primeros cristianos creían que Cristo era el Sol y se conservan ciertas reminiscencias de ello. Por ejemplo, la hostia es un disco como el Sol, la custodia u ostensorio tiene forma de Sol, el halo detrás de Dios, la Virgen y los santos es una imagen del Sol.

Según el filósofo griego Evemero (siglo IV a. E. C.) los dioses antiguos no eran seres míticos, sino personajes históricos cuyas hazañas fueron deificadas. La historicidad de Jesús, y por tanto la de María, fue cuestionada desde un principio y lo sigue siendo. En las diversas deidades que el hombre ha imaginado lo primero era lo abstracto y luego venía lo histórico, señalando para ello los lugares donde nacieron, vivieron, predicaron y murieron. Es indudable que si la prueba de su historicidad residiera en la ubicación de esos lugares, todos estos dioses serían históricos. Creer que lo mítico es histórico destruye el principio mismo del mito, además es deshonesto, impide razonar correctamente y desconecta a la humanidad de la naturaleza, como desgraciadamente está ocurriendo. Sin embargo, existen numerosos creyentes convencidos de que esas leyendas son auténticas, lo que indica que la gente tiende a lo más fácil, a creer sin analizar, y que le gusta, o al menos no le importa, ser engañada.

Los hebreos, en especial las tribus de Judá y Leví, se consideraban «el pueblo elegido», por lo que las demás naciones deberían servir a Israel y éstos tenían derecho a matar a sus enemigos. Esta mentalidad continuó en la Era Cristiana, esperaban a un mesías que derrotaría a los enemigos de Israel, estableciendo un reino judío eterno y universal; este mesías debería ser de la simiente de Abraham, de la tribu de Judá y de la casa de David, y tendría que haber nacido en Belén de una mujer joven. Este ímpetu mesiánico se hizo aún más fuerte con la ocupación romana; por lo tanto, es difícil de creer que, en ese entorno de fanatismo, si Jesús hubiera existido, cumpliendo los requisitos necesarios para ser mesías, y hubiera realizado prodigios, los judíos no sólo le rechazaran sino que le mataran. Se sabe que en aquella época, como hoy los yoguis hindúes, había muchos que se consideraban profetas y enviados por Dios, que predicaban por medio de parábolas y lugares comunes y que efectuaban prodigios mágicos, por lo que no es descabellado pensar que se eligiese a uno de esos profetas como prototipo.

Es de todos sabido que el verdadero fundador del cristianismo fue Pablo de Tarso, de cuya vida tampoco existe constancia fidedigna; la historia que se relata de él es sospechosamente similar a la de Apolonio de Tiana, llamado el Nazareno. Pablo tenía por misión reprimir cualquier movimiento contra Roma, por tanto, no es cierto que persiguiera a los cristianos, entre otras razones porque no existían. En sus actividades, a la entrada de Damasco, cayó del caballo causándose graves lesiones, tuvo que ser emasculado y quedó cojo; lo que le planteó la necesidad de cambiar de profesión y se convirtió en un furibundo misógino. En su larga recuperación tuvo contactos con los gnósticos de Alejandría y con los primitivos «cristianos». Precisamente fue en Tarso donde tuvieron su origen los misterios de Mitra, muy semejantes a las doctrinas cristianas.

Los gnósticos estaban tratando de combinar las numerosas religiones existentes, pero, al ser invadida Palestina por los romanos, surgió la posibilidad de crear un mito propio, un mito exclusivamente judío. Para ello crearon el mito de Jesús, transformando, de acuerdo con Pablo e inspirados por él, al dios-sol en un judío nacido en Palestina cuyas características coincidían con el texto del Antiguo Testamento, pero asignando al personaje las cualidades y avatares de las deidades antiguas. Este mito, que transformaba a un hombre en Dios, se fue convirtiendo en histórico con el fin de distinguirlo de las demás deidades mitológicas. De esta forma, la Encarnación se estableció como dogma en el Concilio de Nicea del año 325, condenando al mismo tiempo a los docetistas. No cabe duda de que el cristianismo nació del paganismo.

En el Nuevo Testamento no existe ninguna descripción física de Jesús, sólo Mateo dice que en el momento de la transfiguración brilló como el sol y sus vestiduras se volvieron blancas como la luz; una descripción del mitológico dios-sol. Resulta increíble que nadie recordara el aspecto físico de Jesús, en especial sus discípulos, y que sin embargo recordaran sus palabras exactas. Por otra parte, ningún cristiano primitivo expresa el menor deseo de visitar los «lugares sagrados», donde transcurrió su nacimiento, vida, enseñanzas y muerte, ni de rescatar y conservar las «reliquias sagradas». Quizá se deba a que los romanos arrasaron Jerusalén, en el año 135, destruyendo todos los «lugares sagrados», y hasta cambiaron el nombre por el de Aelia Capitolina, en honor de Aelius Adriano. Por lo tanto, los parajes venerados hoy son pura invención.

Todo indica que los evangelistas encontraron información sobre Israel a través del Antiguo Testamento y de otros libros judíos, pero no por sus experiencias directas, pues cometen muchas inexactitudes históricas y geográficas. Esto ha hecho pensar que los Evangelios fueron escritos en Alejandría y en Roma, con marcada influencia de Pablo, en especial el de Juan, considerado gnóstico durante mucho tiempo. Los escritos precristianos gnósticos, principalmente los de Marción, formaron las primeras ideas cristianas; dichos escritos fueron reunidos por Pablo y por los «terapeutas» de Alejandría, verdadero crisol de la cristiandad, combinándolos con los relatos y misterios judíos, hindúes, griegos y egipcios. Resulta un tanto sorprendente que Pablo, en sus epístolas, no cite ni una sola enseñanza de Jesús.

Los primitivos cristianos llamaban «médico» a Cristo, es decir «terapeuta», además el nombre de Jesús significa «sanador» o «médico», de ahí que a los sacerdotes se les llame «médicos del alma» o «curas». Los gnósticos constituyeron el núcleo de los primeros cristianos y se servían de cualquier doctrina o argumento que sirviera para apoyar sus ideas. Despreciaban lo material en el deseo de alcanzar la *gnosis*, el conocimiento, que consistía en la unión íntima con Cristo. Pero esta actitud no duró mucho, ya que era más fácil apoyarse en la ignorancia, la *a-gnosis*, y en la fe ciega. Del rechazo a lo material nació en parte la misoginia de los cristianos, pues sostenían que la raíz de las palabras materia y madre, «mater», era la misma; la misoginia de Pablo hizo el resto, transformando a la mujer en una ciudadana de segunda clase.

Cabe preguntarse cómo es posible que un grupo de pescadores iletrados, a los que Jesús había advertido del inminente fin del mundo, consiguieran organizar una Iglesia tan compleja. La respuesta de los creyentes es que intervino el Espíritu Santo, pero la realidad es bien distinta. La genialidad de Pablo, secundado por los terapeutas, supo ver, entre otras cosas, la forma de ganarse a las gentes. Con la obediencia y sumisión de los siervos a sus amos, se ganó a éstos; perdonando las deudas, se ganó a los siervos y a los pobres; reprobando la deslealtad y la rebelión de los soldados, se ganó a los generales y a los emperadores; extendiendo la doctrina a los gentiles, captó a éstos; aplicando la amenaza, atemorizó a todos. Es indudable que si la doctrina cristiana hubiera sido traída nada menos que por Dios, no habría necesitado la falsificación, la fuerza y las amenazas para difundirse.

Los emperadores Constantino (312-337), Teodosio II (408-450) y Valentiniano III (425-455), instigados por la nueva doctrina, ordenaron en Oriente y Occidente la destrucción de todas las obras «que pudieran excitar la cólera divina y herir a los espíritus». El emperador Teodosio (346-395), español, con su Edicto 380, conocido como Edicto de Tesalónica, firmó el certificado de defunción de la espléndida e inigualable cultura pagana. A partir de ese momento la Iglesia pasó de perseguida a perseguidora, promoviendo una censura deshonesta y tan violenta que silenció toda disidencia. Destruyó concienzudamente todos los escritos que se oponían a sus doctrinas, quemó bibliotecas enteras, como la de Alejandría, abatió templos paganos y asesinó a sus seguidores. Todas estas actuaciones sumieron a Europa en la era más tenebrosa, oscura, intransigente e inculta de su historia. Muy pocos podían estudiar, y menos aún investigar, y los que lo conseguían tenían que someterse a los dogmas y preceptos establecidos por la Iglesia. Toda esta represión se ha justificado diciendo que era preciso «librar a la Tierra del mal» y «convertir a los paganos a la verdadera fe». En verdad que estos crímenes contra la humanidad han quedado impunes y, por si fuera poco, han recibido el apoyo activo o pasivo de muchos.

En el Concilio de Nicea se discutió acaloradamente sobre si Jesús era Dios o no lo era. Los obispos, a pesar de estar inspirados por el Espíritu Santo, se pelearon con tal vehemencia que de entonces viene la famosa frase: «Y se armó la de Dios es Cristo.» A partir del Concilio de Nicea se efectuó una sistemática destrucción de documentos considerados heréticos y una profunda revisión de los escritos ortodoxos. Es decir, la «infalible palabra de Dios» fue destruida o corregida, claro que a eso le llamaron «fraude piadoso», y todos contentos. En realidad, Constantino, con este Concilio, pretendía unificar todos los cultos bajo una Iglesia universal, es decir, católica, una Iglesia de Estado que sería controlada por Roma.

Al comienzo del cristianismo, los Evangelios y demás narraciones no formaron un sistema doctrinal, ni un credo determinado, como luego fue impuesto por la religión oficial. El origen real del cristianismo es polimórfico y excluye la idea de un solo fundador (Juan Bautista, Jesús o Pablo), pues lo que hubo en un principio fue un conjunto de sectas, la mayoría en contra del Imperio romano, sectas totalmente independientes y con creencias heterogéneas.

La ortodoxia eclesiástica se ha colocado en una situación absurda y contradictoria al pretender basar la potestad de la Iglesia en la autenticidad de los Evangelios y, a su vez, los Evangelios en la autoridad de la Iglesia. Entre otras consideraciones la concepción de una Iglesia no aparece en ningún texto evangélico; para fundar una Iglesia los apóstoles tenían que haber pensado en el futuro, y no pudo ser así, porque creían en la inminencia del fin del mundo y en que era preciso prepararse para ello.

Los primitivos judíos, ignorantes en su mayoría, se dejaron arrastrar por los hechizos de Moisés, y más tarde fueron seducidos por otro judío, que se hizo pasar por hijo de Dios, que predicó una nueva y opuesta doctrina (que no tenía nada de nueva, pues sus preceptos morales habían sido enseñados antes tanto por los estoicos como por los platónicos). Cabe preguntarse quién tenía razón y quién no, Jesús o Moisés, pues sus enseñanzas son completamente opuestas, ¿o quizá ninguno de los dos? En realidad, Moisés fue un personaje ideado para anunciar la era de Aries, y Jesús para proclamar la era de Piscis: pero esta era se termina, estamos entrando en la era de Acuario, ¿vendrá un nuevo personaje?

La Iglesia ha seguido varias tácticas para combatir a sus enemigos. Una consiste en unirse a los contrarios para poco a poco ir absorbiéndolos. Otra se basa en la división del adversario, poniéndose descaradamente al frente de cada facción. Por último está la táctica del DDT, que consiste en la Difamación, la Descalificación y la Tergiversación; de la misma manera que el insecticida perjudica gravemente a los seres vivos, el DDT eclesiástico, que tan bien copian algunos partidos políticos, causa graves daños a la convivencia. El resultado de estos métodos ha sido la división de la humanidad, su desnaturalización y su constante enfrentamiento. En nombre de Dios y de la religión se han cometido numerosos crímenes de todo tipo, y además, impunemente.

Nacimiento e infancia de María

Aparte del relato de la Anunciación, de la Natividad y de breves menciones en los Evangelios, en las Epístolas y en los Hechos, no se alude a María en ningún texto canónico; existe un silencio casi absoluto sobre María durante la vida adulta de Jesús, es la gran olvidada. Es necesario acudir a los apócrifos, a la tradición y a las investigaciones para poder reconstruir, dentro de lo posible, la vida de María. La figura de María se ha idealizado hasta extremos ridículos, transformando a una mujer en Reina del Cielo, en una auténtica Diosa Madre que llega a ser figura central en la fe cristiana; sin embargo, es uno de los personajes más imprecisos de los Evangelios y de todos los escritos de la época.

María era el nombre de la diosa *Meri* o *Mari*, y representaba el mar, regido por la Luna, la Reina del Cielo. A la diosa *Isis* se la conocía como *Mata-Meri*, es decir «Madre-María». Los caldeos la llamaban *Mariham*. Los egipcios semitas adoraban una combinación de diosa y dios llamada *Mari-El* o bien *Meri-Ra*.

El nombre de María en los Evangelios es tan común

que es difícil saber a qué María se refieren. Nos encontramos con las siguientes:

María, madre de Jesús, conocida como la Virgen, para distinguirla.

María de Magdala o María Magdalena, a la que se describe como una mujer pagana, que ayudaba a Jesús en sus finanzas (Mateo 27,55 y Lucas 8,2-3), que presenció la crucifixión y el entierro, según Juan (20,14), fue la única que vio a Jesús resucitado y, según Marcos, fue la primera en saludarle. Por las últimas investigaciones sabemos que María Magdalena fue la compañera de Jesús, que a la muerte de éste dominó a los apóstoles gracias a su capacidad intelectual y a su conocimiento de la doctrina secreta. Según los apócrifos, la Virgen, en su lecho de muerte, la nombró sucesora. Todo esto lo rechaza categóricamente la Iglesia y se ha dedicado a difamar a María Magdalena llamándola «prostituta penitente». Táctica muy en su línea.

A María de Betania, hermana de Marta y de Lázaro, se la presenta como la devota discípula, mientras que Marta es la que hace las labores de la casa y es la anfitriona. En los apócrifos se la cita como una de las que van a la tumba de Jesús. Tanto ésta como María Magdalena han sido consideradas por la Iglesia como pecadoras, y ambas ungieron a Jesús, acto asociado con los rituales de fertilidad y, por tanto, con la prostitución sagrada, y que las transforma en verdaderas sacerdotisas. En los tiempos bíblicos, la unción de los pies se empleaba como eufemismo de los genitales masculinos. Muchos creen, y todo indica que es así, que ambas Marías, de Betania y de Magdala, eran la misma persona.

María, según algunos apócrifos, fue la primera mujer

de José, con el que tuvo a Santiago el joven, a José y a Salomé; se alude a ella como «la otra María» y es muy posible que fuera una hermana de la Virgen.

María de Cleofás; en los apócrifos se dice que era hermana de la Virgen, por tanto tía de Jesús. Tradicionalmente se creía que era hija de Ana y Cleofás, su segundo marido, y se la conocía también como María de Santiago.

María Salomé, hija de Ana y Salomé, su tercer marido, y, por tanto, también hermana de la Virgen.

María de Zebedeo, esposa de Zebedeo y madre de Jacobo y Juan.

María de Jacobo no se sabe bien quién fue, posiblemente la misma que María de Zebedeo, aunque los árabes la confunden con la Virgen. También es muy posible que sea la misma que María de Santiago o que María de Cleofás.

María, madre de Juan Marcos, posible anfitriona de la última cena y que aparece también en Pentecostés.

María, madre de Rufo y de Alejandro, hijos de Cireneo.

Los cristianos orientales siempre han distinguido tres Marías diferentes: María de Betania (hermana de Lázaro), María Magdalena y María «la pecadora»; sus fiestas se celebran por separado. Los católicos, por mandato de Gregorio Magno (590-604), agruparon a las tres en una sola: María Magdalena, cuya fiesta se celebra el 29 de junio.

De los padres de María no se sabe nada, en los canónicos ni se los nombra, por lo que es necesario acudir a los apócrifos. Según éstos había un varón de la tribu de Judá, llamado Joaquín, muy rico, pastor de sus propias ovejas, las más numerosas de Israel. Cuando tenía veinte años, tomó por esposa a Ana, hija de Isacar. A pesar de haber transcurrido otros veinte años aún no habían tenido hijos. Mientras hacía una ofrenda en el Templo, un sacerdote llamado Rubén, según otros, el sumo sacerdote, le dijo que no continuara su ofrenda porque no era grata a Dios por no tener hijos. Avergonzado, Joaquín se fue al desierto, donde ayunó cuarenta días; otros dicen que se fue llorando a las montañas de una comarca lejana, donde estuvo cinco meses, por fin otros dicen que se fue donde estaban sus rebaños durante cierto tiempo, sin especificar.

Como no dio noticia a Ana de su huida, ésta creyó que había muerto, y quedó llorosa y apenada por ello y por no tener hijos. Un día, cuando iba paseando por su jardín, vio un nido de gorriones (símbolo de la fecundidad) y le pidió a Dios tener descendencia, prometiendo que si se lo concedía, le ofrecería el hijo que tuviera (pero ¿no se consideraba viuda?).

Tampoco ahora se ponen de acuerdo los diversos evangelistas; uno dice que Joaquín regresa con sus rebaños por el aviso de un ángel; otro dice que un ángel se aparece a Joaquín, le dice que Ana «ha concebido de ti una hija» (¿cómo es posible si él estaba lejos?) y que regrese «al lado de tu esposa, a la que encontrarás encinta»; por fin, otro le recuerda los casos de Sara, Raquel y las madres de Sansón y Samuel, para avisarle de que Ana, «por un prodigio incomparable, parirá una niña a la que llamarán María, que será consagrada a Dios y será la madre del hijo de Dios». El ángel se aparece también a Ana y le dice aproximadamente lo mismo.

A pesar de todo Joaquín duda si volver o no a casa, pero el ángel le ordena que baje a su hogar, en lo que tarda treinta días, es decir que estaba bastante lejos. Entonces Joaquín sacrifica un cordero; como no era sacerdote recibe la autorización del ángel. Del cordero en vez de salir sangre mana leche, y el sumo sacerdote, Eleazar, le dice que eso es señal de que va a nacer «una hembra, una virgen impecable y santa, que concebirá un hijo, sin intervención de hombre, que llegará a ser un gran monarca y rey de Israel» (lo que es imaginación para interpretar señales no le faltaba). (Una vez más se comprueba que los judíos esperaban un mesías rey, que liberara al pueblo del yugo extranjero.) Los esposos se encuentran al fin en la Puerta Dorada y se abrazan llenos de alegría (¿alegría al ver que ella se había quedado encinta mientras él estaba fuera?, no parece muy verosímil, y menos aún que no pida ningún tipo de explicaciones).

A los nueve meses Ana da a luz una niña, pregunta a la partera qué ha tenido y le contesta que una hija «muy bella, graciosa, radiante, sin tacha ni mancilla alguna», y la llamó María. El papa Pío IX elevó a dogma el nacimiento de María de una virgen inmaculada, pero esa idea no sólo no pertenece a la tradición cristiana sino que había sido rechazada en numerosos testimonios eclesiásticos y patrísticos.

Siguiendo la ley mosaica, Ana estuvo impura catorce días y después dio el pecho a su hija (¿tantos días estuvo sin mamar?); según otros, cuando la niña tuvo tres días la lavaron y se la llevaron a su madre, que le dio de mamar. A los seis meses ya dio siete pasos y se mantenía alejada de todo lo que fuese impuro. Según algunos autores, Ana volvió a quedarse encinta y parió una niña a la que llamó Parogithá. Al año, su padre celebró un gran banquete en el que presentó a María a los sacerdotes.

Hasta ahora hemos visto la versión, más o menos ortodoxa, que dan los distintos Evangelios. Pero tradicionalmente se creía que Ana dio a luz tres hijas, las tres fueron llamadas María, de tres maridos diferentes: Cleofás, padre de María de Santiago (otros dicen que esta María estuvo casada con Cleofás); Salomé, padre de María Salomé, y Joaquín, padre de María, la madre de Jesús. ¿Qué hay de cierto en ello? Aún no se sabe. Algunos autores han visto en estas tres Marías la herencia de las tres *moirai*, las tres parcas griegas, de las cuales, una presidía el nacimiento, otra, el matrimonio y la tercera, la muerte.

A los dos años, Joaquín quería llevarla al Templo, pero Ana dijo que era mejor esperar a que cumpliera los tres años, y así se hizo. A los tres años es presentada en el Templo, donde sube sola las quince gradas dejando maravillados a todos, y se queda allí, en la congregación de vírgenes, para su educación. María es cuidada y alimentada por los ángeles, y destaca por su dedicación y perfección en todo lo que hace. En el Templo estuvo doce años y, según el *Evangelio armenio de la infancia*, al año de estar en el Templo murieron sus padres.

Cuando María tenía quince años, murió el sumo sacerdote, Eleazar, y fue elegido Zacarías, pero éste dudaba de aceptar el cargo porque no tenía hijos; se le presentaba por ello el dilema de abdicar del cargo o repudiar a su mujer, Isabel. Los padres de Juan el Bautista eran desconocidos hasta que la Iglesia les asignó los nombres de Zacarías, que quiere decir «Dios se acuerda de su pueblo», e Isabel, que significa «Juramento del Señor». El nombre de Isabel se eligió para hacer descender a Jesús de la estirpe sacerdotal, con lo cual quedaba designado como rey pontífice (la primera mujer de Aarón también se llamaba Isabel).

Zacarías reza, y un ángel, precisamente Gabriel, que significa «hombre de Dios», le dice que tendrá un hijo, al que llamará Juan. Como Zacarías no se lo cree, en castigo se queda mudo. La mudez o la pérdida de cualquier otro sentido se infligen bíblicamente como castigo después de una aparición celeste. Por otra parte, si Zacarías se hubiera quedado mudo, se habría visto obligado a dejar el sacerdocio, según la ley judaica. Isabel quedó encinta y parió a su tiempo; Zacarías tiene que escribir en una tablilla el nombre que se debe poner al recién nacido: Juan, e inmediatamente recupera el habla. En las historias judaicas, todos los niños nacidos después de una larga infecundidad o de padres de avanzada edad se convertían en grandes hombres; en este caso los autores exageran la edad de los padres para resaltar más a su héroe.

La figura de Juan el Bautista, también conocido como Hanan, Johanan, Iokanan y, para los árabes, Yahía, es un tanto borrosa y no existen textos históricos que la avalen; su predicación aparece sólo en los canónicos, pero ninguno de estos evangelistas fue testigo de su existencia. Su nacimiento es, como hemos visto, mítico, y su vida parece un relato poético compuesto por un judío cristianizado para atraer al cristianismo a los judíos remisos. Su existencia, desde muy joven, fue eremítica; vivió en el desierto hasta que murió su madre.

Los judíos, se diga lo que se diga, seguían el culto al dios Baal, lo que conlleva una íntima relación con la diosa madre cananea Asherat. Había un símbolo sagrado, precisamente llamado *asherat*, que representaba a la diosa de la fertilidad, y este símbolo estuvo varios siglos (hasta la época romana) en el Templo de Jerusalén junto al altar de Yahvé. A su lado se ponía normalmente un pilar de piedra de aspecto fálico, llamado *massebah*, que simbolizaba a Baal. Este culto requería la presencia de sacerdotisas vírgenes. Sin embargo, las mujeres no podían entrar en el patio interior del Templo, sólo en el exterior.

La idea de que una niña pudiera consagrarse al servicio de Dios y vivir al cuidado del sumo sacerdote habría sido considerada entre los judíos absurda y hasta sacrílega; entre otras cosas porque se consideraba la virginidad como algo insólito, impío y contrario a la ley. Además, si querían conservar a María, hacer de ella el arquetipo de la virginidad y de la pureza, habría sido más lógico y menos peligroso tenerla en casa de sus padres que no en un templo rodeada de hombres.

La ley mosaica no distinguía claramente entre adulterio y prostitución, aunque prohibía ambos; las rameras profesionales no estaban mal vistas, los judíos «iban de putas» con frecuencia y los poderosos contaban con varias esposas y concubinas. En el Antiguo Testamento, al explicar cómo Tamar se ofrece a Judá, se emplea la palabra *zona*, con la que designa a la profesional; mientras que el vocablo *qdesha* se refiere a las sacerdotisas del templo en Sumer, que ejercían la prostitución sagrada para honrar a la diosa de la fertilidad, Ishtar; esta diosa era «Reina del Cielo», «madre de los hombres» y amante de su hijo Tammuz, un dios que muere por los hombres y luego resucita (el incesto se produce con frecuencia en los relatos mitológicos). En el Nuevo Testamento no es posible distinguir entre la prostituta «comercial» y la religiosa, pues ambas son designadas con el término *porne*. La prostitución sagrada también existió en Israel durante el período de la realeza, a pesar de estar prohibida, y la practicaban tanto hombres como mujeres.

Los reyes, que interpretaban el papel de dioses, designaban a sus hijas para el cargo de «sacerdotisas del matrimonio»; las relaciones sexuales entre el rey sagrado y las sacerdotisas eran, por tanto, de carácter incestuoso; el «matrimonio sagrado» se celebraba con un banquete, por eso Ireneo relacionaba el ágape con el incesto. En varias mitologías se representaba el «matrimonio sagrado» de forma regular y este rito era conocido y admitido tanto por los hebreos como por los primitivos cristianos. El *Cantar de los Cantares* constituye la indicación más clara de que los judíos celebraban el «matrimonio sagrado» y, según datos históricos, durante la vida de María existían las prostitutas rituales.

Las prostitutas sagradas, verdaderas maestras del sexo, eran muy respetadas. En muchas culturas se creía que el camino hacia Dios pasaba a través de la mujer, la relación sexual se consideraba como una iniciación en los misterios y en la vida social; pensaban que la represión sexual era muy dañina para la salud física y psíquica. Los monasterios y noviciados están llenos de hombres y mujeres cuya única salida es la homosexualidad o las aberraciones. En la Biblia aparecen algunas mujeres que practicaban la prostitución sagrada, pero tanto los judíos como más tarde los cristianos denigraron de tal forma esa práctica que convirtieron a las prostitutas sagradas en simples meretrices desprestigiadas y, por si fuera poco, redujeron a las mujeres en general a esclavas sexuales y máquinas de parir hijos. Las esposas cristianas debían estar siempre disponibles sexualmente, sólo para el marido, mientras que éste podía hacer lo que quisiera.

¿Por qué María fue admitida en el Templo? Según algunos investigadores modernos, porque fue iniciada como sacerdotisa del culto a la fertilidad y, por tanto, participó en el «matrimonio sagrado» con el sumo sacerdote, representante de Dios, engendrando al esperado Mesías, pretendiente al trono davídico. Para sostener semejante afirmación, se apoyan en la tradición según la cual María, igual que Tamar, Raab, Betsabé y Rut, concibió fuera del matrimonio con un padre que supuestamente era Dios.

De todas formas, no cabe duda de que María fue una muchacha campesina judía de formación y creencias discutibles, pues nació en una familia que no seguía el judaísmo ortodoxo, ya que el entorno tenía claras tendencias paganas («pagano» viene de *paganus,* aldeano, que adquirió el significado de «gentil» o no bautizado y se extendió a los idólatras). Por tanto, resulta ridículo, como pretenden algunos, presentarla como una cristiana.

María, núbil y madre

La ceremonia sagrada de los egipcios conocida por la expresión griega *hieros gamos*, que significa «matrimonio sagrado», se efectuaba para venerar el poder reproductor de las mujeres. La unión sexual del hombre con la mujer conseguía alcanzar la plenitud tanto física como espiritual, pues suponía la fusión de las dos mitades humanas, el yin y el yang, lo femenino y lo masculino, y de esta forma llegar a la gnosis, al conocimiento. El orgasmo produce un momento de conocimiento de lo divino; los gurús y los místicos consiguen estados similares por medio de la meditación, sin utilizar el sexo. El sexo engendra vida, lo que se consideraba un milagro que sólo los dioses podían hacer. Como consecuencia de ello, la mujer era sagrada debido a su capacidad para llevar vida en su interior.

Los primitivos hebreos tenían ritos sexuales. Se ha comprobado que en el Templo de Salomón no sólo se veneraba a Jehová, sino también a la diosa Shekinah. Los hombres que deseaban alcanzar la plenitud iban al Templo y hacían el amor con las *hierodulas*, las sacerdotisas sagradas. La conocida Estrella de David, símbolo del Estado Judío, representa la perfecta unión entre el hombre y la mujer, entre lo masculino y lo femenino, entre la espada (símbolo fálico) y el cáliz (símbolo uterino). Los semitas fueron suprimiendo progresivamente la prostitución sagrada, pero aún estaba vigente a principios de la Era Cristiana.

Atendiendo a la ley, a los doce años —según otros, a los catorce o a los quince—, las sacerdotisas internadas en el Templo tenían que volver a sus hogares y casarse, pero María dice que no puede hacerlo porque ha ofrecido a Dios su virginidad. Esto es insólito, porque para todas las judías era más importante la maternidad que la virginidad, por lo que la soltería, la virginidad y la esterilidad eran un estigma, un castigo de Dios; en la Biblia se repite, hasta el hartazgo, este hecho. Por tanto, el voto de castidad de María resulta anacrónico e inadmisible, hasta el punto de que varios Evangelios, entre ellos los canónicos y el *Armenio de la infancia,* no lo recogen.

El sumo sacerdote, Zacarías, ante la postura de María, reúne a los notables, y llegan a la conclusión de que deben consultar el caso con Dios; una voz les dice que busquen a quien deba desposarla y guardarla (para que se cumpla una profecía de Isaías). Se ordena a todos los varones de la casa de David «solteros y aptos para el matrimonio» que se presenten con una vara y la depositen en el altar, con el fin de elegir a la sacerdotisa que será su mujer; la vara del elegido para María florecerá.

José, «viudo de avanzada edad», no entregó su vara, pero de ella salió una paloma que se posó sobre su cabeza, otros dicen que su vara floreció (para que se cumpla otra profecía). En el *Armenio de la infancia* se dice que los célibes (exclusivamente, y no los viudos) debían llevar una tablilla con su nombre anotado; al efectuar una plegaria, en cada tablilla aparecía escrito el nombre de la mujer que les correspondía; al entregar la de José salió la paloma. La *Historia copta de José* dice que sortearon a las mujeres entre los solteros y aptos para el matrimonio, y a José le tocó María.

Nuevas discrepancias. Unos dicen que José va a Belén, donde reside, para preparar las nupcias, mientras María va a casa de sus padres (pero ¿no habían fallecido?) con otras siete sacerdotisas. Según otros, José se niega a ser el elegido, porque dice que es viejo, viudo y con hijos, mientras que María es una niña (entonces ¿por qué se presenta, si sabe que todas son niñas?). Pero el sumo sacerdote le amenaza con graves castigos si no cumple la voluntad de Dios, y José rectifica diciendo: «No menosprecio la voluntad de Dios y seré el guardián de esta muchacha hasta que Dios me haga saber cuál de mis hijos ha de tomarla por esposa. Entretanto, dénsele algunas mujeres de entre sus compañeras con las cuales more.» El sumo sacerdote (Abiatar, según unos, y Zacarías, según otros) le dice que así se hará, «pero que no podrá casarse con ningún otro más que contigo». (¿A quién le dan las mujeres, a José o a uno de sus hijos?) Dicen que José se fue enseguida de su lado, pero otros dicen que José tomó a María, con otras cinco compañeras, y se fue con ellas a su casa. Según los coptos, María cuidó tanto a Jacobo, hijo de José, que se la llamó María madre de Jacobo (los únicos que lo dicen), y al tercer año de vivir con José nació Jesús.

El sistema de casamiento judío consistía en un período de esponsales que duraba un año, en ese plazo se consideraban esposos legales, mediante un contrato social que sólo podía derogarse por divorcio o por muerte. La verdadera unión matrimonial comenzaba después de realizados los ritos nupciales. Es decir, existía un período corto en el que el matrimonio era legal, pero no estaba consumado.

Los sacerdotes deciden hacer un velo para el Templo confeccionado por jóvenes sin mancilla; a María le tocó hilar la púrpura y la escarlata. Las compañeras de María se ríen de ella llamándola «reina de las vírgenes» y un ángel las reprende duramente. (Por lo que se ve los ángeles estaban al tanto de todo lo que pasaba.) En *Reyes II* se comenta la existencia de mujeres que tejen velos y colgaduras para el *asherat*.

En la Biblia se recogen varias imágenes nupciales. Oseas conocía el culto cananeo de la fertilidad, en el que se celebraba el enlace anual entre el dios Baal y su hermana Amat (el incesto era muy frecuente en los mitos), y lo adaptó con el fin de describir las relaciones de Jehová con Israel, su infiel esposa. Israel, como la propia mujer de Oseas, se comporta como una prostituta que abandona a su marido. Éste está dispuesto a perdonarla si vuelve a serle fiel, pero sin levantarle el severo castigo que le impone. Estas imágenes se repiten, con algunas variantes, en Jeremías, Ezequiel e Isaías. El *Cantar de los Cantares* no encubre para nada su acusada sexualidad y en la ceremonia de consagración de las monjas se efectúa un simulacro de nupcias de éstas con Cristo.

Resulta increíble que hasta el Concilio de Trento, en 1563, la Iglesia no considerara el matrimonio un sacramento, y, para su validez, se hizo necesaria la ceremonia eclesiástica, añadiendo la idea de su indisolubilidad «hasta que la muerte os separe». Una idea, esta última, que chocaba frontalmente con las costumbres feudales y con la inclinación humana y natural a gozar de la pasión sexual. La Iglesia, por mucho que lo ha intentado y exigido, no ha podido, ni podrá nunca, acabar con el deseo sexual. Nada más difícil que pretender anular la naturaleza; decía Dostoievski que si se echa a la naturaleza por la puerta te entrará por la ventana. Pero esto les viene muy bien, porque los hombres y mujeres, a los que previamente se les ha inculcado la idea del pecado, tienen que acudir a un sacramento que sólo puede administrar la propia Iglesia. No tienen en cuenta que Dios no puede querer nada en contra de los instintos que, supuestamente, él nos ha dado.

Según parece, por algunos textos, se producen dos Anunciaciones, una en la fuente, cuando María va a coger agua, y otra en su casa. Aseguran que María no se atemorizó porque ya conocía a los ángeles, aunque Lucas y otros dicen que «se turbó y quedó helada de espanto» y que «en su pavor, era incapaz de responder». El arcángel Gabriel comunica a María que va a ser madre: «concebirás un hijo al que llamarás Jesús, el cual será un gran rey, el Señor Dios le dará el trono de David y reinará en la casa de Jacob por siempre y su reino no tendrá fin» (una vez más se asegura que será un gran rey, que reinará siempre el pueblo de Israel, y una vez más se equivocan), y que «concebirá sin pecado» (¿desde cuándo concebir es pecado?). Curiosamente la famosa profecía dice que el Mesías se llamará Emmanuel (que quiere decir «Dios con nosotros») y no Jesús.

María se resiste a creer al ángel y le hace numerosas preguntas; el ángel, para convencerla, recurre a milagros bíblicos, asegurándole que la cubrirá el Espíritu Santo y que continuará siendo virgen. Las repuestas de María según los diversos evangelistas no dejan de sorprendernos: unas veces se preocupa por la concepción virginal, otras veces por el parto, y otras veces dice «que no conoce varón», dejando en mal lugar a José, pues estaba casada con él. Al final María exclama: «Hágase en mí según tu palabra», y en ese momento el Espíritu Santo penetró en ella... ¡por una oreja!, según el *Evangelio armenio de la infancia*. Dicen que después de eso siguió hilando y cuando terminó su trabajo, lo llevó al Templo.

Es muy difícil creerse que un espíritu, ser inmaterial, pueda unirse con un ser material para producir descendencia física; de esa absurda creencia sale el disparatado concepto de muchos cristianos de que los niños vienen de Dios, que crea un alma para cada uno de ellos. El credo de los apóstoles se elaboró a fines del siglo IV y se completó en el siglo VIII; en él se expresaba la teoría de que el Espíritu Santo llevó el niño formado hasta el útero de María (algo así como la inseminación artificial, pero mucho más avanzada y completa), no para darle la vida, pues ya la tenía, sino para alimentarlo. Es decir, el Espíritu Santo concibe al hijo como una madre y se vale de María para alimentarlo hasta que nace, como una incubadora viviente. Creo que sobran los comentarios.

Es curioso y muy significativo que los ángeles de los gnósticos fueran seis y se llamaran Iao, Sabaoth, Adonai, Eloi, Oraios, y Astophaios, nombres paganos, emanados del Padre y que residían con él en la Luna, Marte, el Sol, Júpiter, Venus y Mercurio respectivamente. El ángel Gabriel, escogido por los cristianos para ser el mensajero de la Anunciación, es el ángel Rasdel de los cabalistas. Para los ofitas no fue Gabriel el que efectuó la Anunciación, sino Ilda Baoth, príncipe de las tinieblas, que habitaba en Saturno, como Jehová. En la India, en Persia y en las civilizaciones antiguas, los ángeles eran considerados del sexo femenino; con el judaísmo y el cristianismo fueron representados exclusivamente como del sexo masculino.

Cuando se efectuó la Anunciación, Isabel estaba embarazada de seis meses. María pide permiso a José (¿no conocía varón?) para ir a visitar a su prima Isabel; éste se lo concede y ella sale a escondidas (¿por qué?, ¿no demuestra así su culpabilidad?). Juan el Bautista da saltos de gozo en el vientre de su madre al llegar María; ésta recita el magníficat, en el que alaba a Dios y también se exalta a sí misma; curiosamente, en esa acción de gracias no menciona para nada el nacimiento virginal, es más bien un grito de júbilo porque por fin llega el prometido Mesías, el gran rey que liberará al pueblo judío de sus opresores y restablecerá las leyes mosaicas.

Le cuenta lo ocurrido a Isabel, quien le aconseja que se encierre en su casa y no diga nada a nadie, ni siquiera a José. María permaneció en casa de Isabel «mucho tiempo», lo que es muy significativo; según otros, sólo tres meses. Al oír las alabanzas de Isabel y de Zacarías dice: «¿Quién soy, Señor, que todas las generaciones de la tierra me bendicen?» (sorprendente expresión después de que un ángel le haya explicado su misión; ¿ya se ha olvidado de todo?).

María volvió a su casa y «se ocultó a los hijos de Israel» (¿por qué y de qué se oculta?). Como esto ocurrió cuando tenía dieciséis años, quiere decir que desde los doce o los catorce, que tanto da, José no se había ocupado de ella para nada, ¡pues vaya modo de cuidarla!; por otro lado ¿para qué entregan a María a José, para que no hiciera nada con ella, no estaba mejor en el Templo o en casa de sus padres? Celso dice: «Jesús nació en una aldea de Judea y era hijo de una pobre campesina que se ganaba la vida con el trabajo de sus manos... Su madre viose expulsada de la ciudad por su marido, de oficio carpintero, por haber sido convicta de adulterio al quedar embarazada de un centurión romano llamado Pantherus... Estando así repudiada y errando, ya en el oprobio, dio a luz en secreto a Jesús, hijo bastardo.» Esta historia estaba muy extendida entre judíos y paganos, incluso en Alejandría creían que María había concebido incestuosamente con su hermano. Es significativo que el *Evangelio de Felipe* subraye: «Algunos dicen que María concibió del Espíritu Santo. Yerran, no saben lo que dicen, ¿cuándo una mujer concibió de mujer?» (hay que tener en cuenta que el «espíritu» en hebreo es de género femenino). En la referencia que hace el Talmud de Jesús le llama *Jeschua ben Pandera*, o sea, hijo de Pandera, abonando lo que sostiene Celso.

«María se encontró encinta del Espíritu Santo antes de cohabitar con José», según escriben varios evangelistas, recalcando que «José no la conoció hasta que no dio a luz al primogénito». Cuando María está en el sexto mes de embarazo, «el cándido José» (como le llaman los coptos) vuelve a casa, pues por lo visto estaba en Cafarnaún, con la intención de tomar por esposa a María, y al verla encinta se entristece y le pide explicaciones; María le dice que no sabe cómo ha ocurrido (¿ya se ha olvidado de algo tan espectacular y único como la Anunciación?) y las jóvenes que la acompañaban le aseguran que ningún varón ha estado con ella, salvo un ángel que le da de comer (¿cómo pueden atestiguar eso si María ha estado fuera tres meses, o «mucho tiempo»?).

José se encuentra con el dilema de ocultarla, faltando a la ley, o denunciarla, con lo que sería lapidada y moriría «un ser inocente», «aunque sea de un ángel» (en aquel tiempo se creía en la posibilidad de la unión de las hijas de Israel con ángeles); preocupado, no come ni bebe en todo el día. José decide huir, según otros decide devolverla a sus padres, pero se le aparece un ángel «en sueños» y le explica lo que ha pasado. Sin embargo, se entera un tal Anás y denuncia el caso al sumo sacerdote. Éste reclama a María y a José para juzgarlos, y les recrimina (¿por qué, si estaban casados?); María, llorando, asegura que es pura, que no ha conocido varón, que no sabe por qué está encinta (?) y José asegura que no la sedujo, que no tuvo comercio carnal con ella (pero ¿no era su marido?). El sumo sacerdote lógicamente no se lo cree y les somete a una ordalía, a la «prueba del agua amarga», que sale negativa para ambos, con lo cual todos quedan maravillados (¡increíble relato!).

La ordalía consistía en hacerles beber el agua con la que se lavaban los sacerdotes mezclada con polvo del suelo del Templo. Si «se les caía el muslo» (que no se sabe qué es), eran culpables. Es de suponer que al tomar tan repugnante brebaje a todos se les «caería el muslo» y el estómago.

A medida que pasan los días José, atemorizado, propone a María irse a «otro país donde nadie nos conozca», porque «si nos quedamos, lanzarán sobre nosotros el ridículo y el escarnio cuando se enteren de que eres madre». ¿No han tenido ambos una serie de revelaciones?, ¿no es de nuevo un claro reconocimiento de culpabilidad?, ¿no han pasado una ordalía de la cual han salido totalmente absueltos?

Sigamos con la narración. Augusto da orden de empadronamiento (lo que no es cierto, pues Palestina aún no formaba parte del Imperio, por tanto no tenía jurisdicción para ello, además no existe registro de ningún censo que tuviese lugar bajo César Augusto en la época del nacimiento de Jesús) y José acude a empadronarse; tiene dudas sobre cómo inscribir a María, si como esposa o como hija (desconcertante dilema).

En el camino María ve dos pueblos, uno que llora: Israel, por haberse alejado de Dios; y otro que ríe: los gentiles, por haber conocido a Dios, ya que «todas las naciones deben ser benditas en la posteridad de Abraham» (resulta anacrónica esta visión, porque la idea de extender el «Dios de Israel» a los gentiles fue muy posterior y se debe a Pablo). Según otras versiones, lo que ve María son dos ejércitos, uno de ángeles, naturalmente a la derecha, y otro de demonios, a la izquierda (quizá por razones políticas).

María va montada en una burra y cuando llevan caminando tres millas pide apearse porque comienzan los dolores del parto; encuentran una gruta, donde la instala José y se va a buscar una partera a Belén (según parece estaban próximos a esta ciudad). La versión oficial es que no encuentran posada en Belén y tienen que refugiarse en un establo. Otros sostienen que María parió en una cueva para hacerlo en secreto, ya que, al estar acusada de adulterio, podría ser lapidada. Belén era un bosque consagrado al hijo de la virgen Mirra, el dios Tammuz, que también nació el 25 de diciembre, en la misma cueva que Jesús, murió en Jerusalén y resucitó a los tres días. El nacimiento en una cueva era un mito muy común, ya que representa la matriz de la tierra, el invierno, el lugar donde se oculta el sol; en una cueva nacieron, entre otros: Heracles, Hermes, Apolo, Deméter, Cibeles, Poseidón, Dionisos, Mitra, etcétera. Según los coptos la cueva donde nació Jesús fue la tumba de Raquel, la mujer del patriarca Jacob.

José encuentra a una partera judía, que según algunas

versiones era nada menos que Eva, que quiere «ver personalmente su redención» (¡increíble!), y cuando entran en la cueva la ven toda iluminada por «una luz deslumbrante» (figura mítica empleada en otras teofanías y en el Antiguo Testamento), que fue disminuyendo en intensidad hasta el momento del parto.

La partera se da cuenta de que María es virgen y se lo cuenta a su amiga Salomé (curioso nombre, equivalente a Sémele, madre de Dionisos, que también nace en una gruta, y es el dios redentor del orfismo; no se sabe si esta Salomé es María Salomé, hermana de la Virgen). Ésta no se lo cree y dice que «todo Jerusalén la ha condenado como culpable y digna de muerte y que por eso ha huido» (una vez más se confirma la acusación de adulterio); de todas formas va a comprobar la virginidad de María, al acercar la mano se le quema, otros dicen que se le seca; ante sus lamentos, un ángel le dice que se curará cogiendo al niño en brazos; así lo hace, se cura, y el ángel le dice que no cuente a nadie el milagro (si no lo contó, ¿cómo se sabe?). Resulta un tanto extraño que en todo este relato María no intervenga para nada.

La Virgen María es una auténtica creación popular que ha arraigado debido a los mitos y religiones ancestrales. El nacimiento virginal era una condición mitológica imprescindible para un dios, para reyes-dioses y para muchos héroes. Tanto en Grecia como en Roma indicaba la divinidad de un ser y era imprescindible para todo aquel que pretendiera ser un líder espiritual; personajes como Platón, Alejandro, Pitágoras, Perseo, Minos, Éaco, Anfión, entre otros, eran tenidos por nacidos de una mujer virgen embarazada por un santo espíritu. Para transformar al Jesús histórico en el Cristo de la fe fue imprescindible que naciera de una virgen. Por otro lado, una profecía mal traducida apoyaba tal evento; la palabra hebrea 'almah se tradujo al griego por *parthenos,* aunque no son sinónimas, pues 'almah significa mujer joven, mujer núbil, y *parthenos,* mujer virgen. Curiosamente, esta palabra se aplicaba a Rebeca antes de que se casara con Isaac (Génesis 24,43) y también a las mujeres del harén en el *Cantar de los Cantares* (6,8 y 7,3).

Muchos años antes de la Era Común era conocida la madre virgen que paría un hijo divino; en el mito solar, el dios-sol nacía de la luna nueva, la luna virgen; en Egipto, Virgo era la diosa Isis, que se representaba con el niño-dios Horus en brazos. Por otra parte, la palabra «virgen» no describía sólo a una mujer casta, sino a una independiente y luchadora; por ejemplo, a la diosa Amat, hermana de Baal, famosa por sus proezas sexuales, se la llamaba «la virgen Anat». En las diosas paganas el signo de virginidad no solía incluir la castidad como virtud, sino como fuerza, como pureza ritual, como poderes mágicos.

La virginidad después del parto es aún más difícil de comprender, pues todos los evangelistas insinúan que después María y José tuvieron relaciones íntimas, hasta el extremo de que Mateo dice: «Y José no la conoció (a María) hasta que parió a su hijo primogénito», cosa que repiten el *Evangelio de Taciano* y el de *Ammonio.* Mateo y Marcos dan los nombres de los hermanos de Jesús: Jacobo, José, Simón y Juan, y mencionan a sus hermanas, sin dar sus nombres. En la *Epístola a los Gálatas,* escrita en el año 57 y una de las pocas que no genera ninguna duda sobre su validez histórica, Pablo dice que Jesús «fue nacido de mujer y sujeto a la ley» (Gálatas 4,4), no hace referencia a que fuese virgen y no vuelve a mencionar a María. Decir que estaba sujeta a la ley, si es la ley mosaica, indica que María había concebido con su marido legal, y si era la ley levítica, podía ser con su marido o con su cuñado. Además todos hacen referencia a sus hermanos y hermanas, incluso algunos los nombran, destacando «Santiago, hermano del Señor», jefe de la primitiva Iglesia de Jerusalén y con el cual trata Pablo. Marcos y Juan no mencionan la virginidad de María. El nacimiento normal de Jesús fue aceptado por los primeros cristianos; las ideas sobre el alumbramiento virginal no existían aún, no surgieron hasta el siglo II y partieron de los apócrifos.

Los gnósticos practicaban ritos sexuales, de los cuales quedan algunas reminiscencias. Consideraban a María como una encarnación de la sabiduría, *sophia*, como el poder femenino de la inteligencia, pero no creían en absoluto en su virginidad. Fue una imposición cristiana.

Los cristianos han presentado a María como opuesta a la pecadora Eva y exenta de toda sexualidad. Sin embargo, los musulmanes la presentan de forma mucho más espiritual, sin aspecto mágico, por lo que no realiza milagro alguno.

Los coetáneos de María la acusaron de prostituta y ésa es la razón por la que tuvo que huir, visitando a su prima Isabel, saliendo de Jerusalén y yendo luego a Egipto, donde se puso a trabajar para sobrevivir. Ya hemos visto lo que decía al respecto Celso y que era una creencia muy extendida en la época. Es posible que hubiese sido una prostituta sagrada, la mujer santa que devenía «suma sacerdotisa del matrimonio sagrado», y que Jesús fuese fruto de un rito sexual en honor de una diosa pagana, en cuyo servicio habría sido iniciada como sacerdotisa de especial categoría.

Resulta muy significativo que al morir María (según

dicen varios apócrifos), unos judíos pretenden hacerse con el cadáver para incinerarlo como castigo a su prostitución. Por otra parte, María llevaba velo, lo cual era una señal de prostitución, pues las acusadas de ello se tenían que cubrir el rostro en señal de vergüenza. Además, parece lógico que María, de haber sido virgen, hubiera sido entregada a un «joven soltero y apto para el matrimonio» y no a un «viejo, viudo y con hijos» como José; esto indica que María no era virgen. Queda la duda lógica de que José no fuera precisamente viudo ni de «avanzada edad», sino un joven soltero y apto para el matrimonio, por eso acude a la llamada del sumo sacerdote y éste no le rechaza, como hubiera ocurrido de ser viudo.

En Oriente, la madre de un dios, sobre todo si era redentor, llevaba un nombre que comenzaba por la sílaba *ma;* como Maya, madre de Buda, Maritala, madre de Krishna, y Mandane, madre de Ciro (considerado un mesías); por eso a la madre de Jesús se la llama María. Etimológicamente el nombre de María es sinónimo de prostitución ritual, incluso en los Evangelios a una de ellas se la identifica como *porne* y otra lleva a cabo la unción, acto muy relacionado con la prostitución sagrada; si María era una *qdesha,* una *hierodula,* por pura lógica no podía ser nombrada así. En el tiempo bíblico se identificaba a las personas por un nombre: así Eva, «madre de los hombres», deriva del hebreo *hayya,* que significa «vivir». El nombre de María puede derivarse del hebreo *mara,* cuyo origen acadio significaba «ser amargo», dando a entender que designa a una persona que ha pasado por la ordalía de «las aguas amargas», por estar acusada de prostitución. Sin embargo, su verdadero nombre no era María sino Miriam.

La biografía autorizada de María nos la presenta sin

sexualidad, lo que no tiene nada de original, y está plagada de incongruencias. Desde el punto de vista del psicoanálisis, María se ha convertido en la encarnación del arquetipo de la feminidad grabado en el subconsciente del ser humano. Las virtudes femeninas para la Iglesia son: humildad, obediencia, modestia, abnegación y, por supuesto, sumisión, y deben ser fiel reflejo de las de María. Pero todas estas cualidades, y otras muchas atribuidas a María, sólo han servido para disminuir aún más al resto de las mujeres, porque no había ni podía haber una mujer más perfecta, y ante ella todas eran poco menos que unos despojos humanos, cargados de pecados. La ideología mariana ha supuesto para las mujeres una verdadera condena a ser consideradas como ciudadanas de segunda. Aceptar que la Virgen es un ideal que hay que alcanzar exige en las mujeres tener que rechazar su condición natural, despreciando el sexo y la maternidad. El precio que la supuesta Virgen exige a sus devotos es la castidad sexual. Esta idea la han inculcado los educadores de niños católicos de tal forma que todos los demás pecados son secundarios ante la impureza, ante «la horrible lujuria»; como si todos los males de la humanidad dependieran del apetito sexual; los males de la humanidad son mucho más complejos y graves que la sexualidad. En la civilización occidental y, por influencia cristiana, se ha asociado el sexo con el pecado y con la muerte.

La cultura clásica y sobre todo la judaica aportaron al cristianismo, entre otras cosas, una enorme carga de prejuicios misóginos, los mitos bíblicos se convirtieron en moral de aplicación práctica. Identificar el mal con la carne y la carne con la mujer ha conducido a muchos a verdaderos traumas psicológicos y a psicopatías dañinas.

La importancia de la virginidad para las mujeres depende de la imagen que los Padres de la Iglesia tienen del cuerpo de la mujer. Para ellos la mujer es la causa de la «caída», es la cómplice del demonio, la tentadora irresistible y la destructora de la humanidad, con lo cual, sin percatarse de ello, conceden a las mujeres una fuerza tan poderosa que ningún hombre es capaz de resistirla. Por otra parte, en el mito de la «caída», ¿quién fue más débil?, porque todo hace pensar que Adán fue menos firme que Eva. El estado monacal y la exclusión de la ordenación femenina son consecuencias del desprecio y, desde luego, del miedo a la mujer. Uno de los modelos mitológicos más importantes y duraderos del cristianismo ha sido, y es, el de la virgen-mártir; se puede observar, en efecto, que casi todas las mártires eran también vírgenes y ninguna santa estaba casada; pero también es posible comprobar que las descripciones que se hacen de los martirios llevan un fuerte contenido sadomasoquista.

Según la Biblia, la menstruación, la lactancia y el parto doloroso son un castigo por la «caída». Ahora bien, si María estaba eximida de las consecuencias de la «caída», por su Inmaculada Concepción, entonces es posible cuestionar la plena humanidad de Jesús. Por otro lado, si la perfección de María supone la victoria sobre las leyes naturales del parto y de la muerte, entonces la idea de perfección niega la bondad del mundo y del hombre, supuestamente creados por Dios. La virginidad perpetua de María se declaró dogma en el I Concilio de Letrán, de 649, por el papa Martín I.

Sabemos algo de José, padre de Jesús, gracias a las *Historias copta y árabe de José el carpintero*. Según los investigadores, la historia árabe es copia de la copta, con muy pocas variaciones. Ambas historias se basan en un supuesto relato que Jesús narra a sus discípulos en el monte de los Olivos, en el que cuenta la vida y muerte de su padre José.

Dicen de José que era natural de Belén y que era muy instruido en las ciencias, en especial en carpintería y construcción, lo que contradice a otros autores, y sorprendentemente dice que fue sacerdote del Templo. Se casó a los cuarenta años, vivió cuarenta y nueve años con su mujer y quedó viudo. Tuvo cuatro hijos: Judá, Josefos, Jacobo y Simeón —los árabes llaman Judas a Judá y Justo a Josefos—, y dos hijas: Litsia y Lidia —los árabes llaman Asia a Litsia—. José estuvo solo durante un año. A su tiempo se casan Josefos o Justo, Simeón, Litsia o Asia y Lidia.

Al año de viudez, o sea con noventa años, según se puede calcular, le adjudican a María, como hemos visto, y su vida no ofrece nada digno de resaltar, pues nadie habla de ella, salvo episodios muy puntuales. Dicen que ejerció de carpintero, unos, que con acierto y habilidad, y otros, que con bastante incompetencia, hasta el extremo de que Jesús tiene que hacer milagros para resolver sus errores. A los ciento once años dicen que permanecía vigoroso, con todos sus dientes y «sus ojos no habían perdido la luz». Muy diplomáticamente un ángel dice a José: «En este año morirás.» Entonces José dirige una plegaria a Dios pidiendo morir sin dolor y sin miedo (como deseamos todos).

José «enferma con una enfermedad más grave que ninguna de las que había tenido hasta entonces» (lo que es bastante lógico, puesto que muere de ella). Tan grave fue que «se olvidó de comer y se equivocaba en su oficio». Un día, agitado en su lecho, maldice toda su vida. Jesús le calma y José se deshace en alabanzas a Jesús, diciéndole cosas que la Iglesia admitió mucho después. Jesús consuela también a su madre diciéndole que «la muerte es la soberana de la humanidad» y que contra ella no hay nada que hacer, porque toda criatura viviente ha de morir, como morirá ella y como morirá el propio Jesús. (Es curioso e inaceptable que la Iglesia sostenga que Jesús murió y no admita que muriera María; sería así el único ser que no ha pasado por el trance de la muerte.)

José muere rodeado por María, Jesús y sus hijos. Jesús ve llegar a la muerte «seguida del infierno, del demonio y de sus huestes, que arrojan llamas por sus bocas, vestidos y rostros» y les ahuyenta recitando una oración a Dios en la que pide por el alma de José. Los ángeles Miguel y Gabriel depositan el alma de José en una mortaja (?), para llevársela a los cielos, y luego amortajan el cadáver. Jesús consuela a su madre y hermanos, bendice el cadáver y pide que no se corrompa nunca (por lo que se ve no le hicieron caso).

Gran duelo en Nazaret, donde José era muy apreciado, y funerales «según el rito judío». En el entierro, Jesús hace una serie de reflexiones sobre la muerte y asegura que «cuando mi Padre ordena que un hombre sea justo, éste se convierte en su elegido» (lo que echa por tierra lo del libre albedrío, puesto que ya desde el origen uno es elegido o no).

Por cierto, los nombres de los ángeles Gabriel, Miguel, Rafael y Uriel, tan importantes en los relatos, son nombres persas. Gabriel anuncia los secretos divinos, Miguel combate a los enemigos, Rafael recibe las almas de los muertos y Uriel llamará al juicio final a los hombres.

Nacimiento e infancia de Jesús

Un conocido teólogo cristiano, Rudolf Bultmann, dice: «Yo soy de la opinión de que nosotros no podemos saber prácticamente nada de la vida y de la persona de Jesús... porque las fuentes cristianas... son muy fragmentarias, llenas de leyendas y, además, otras fuentes no cristianas no existen.» La mención que hace Flavio Josefo de Jesús es una interpolación efectuada por el obispo Eusebio, prototipo de los falsificadores históricos, el cual, como de paso, destruyó el texto original. Los escritos de Tácito, Suetonio y Plinio se basan en lo que han oído narrar, y cuando ya el mito de Jesús estaba en marcha y contaba con bastantes seguidores en Roma. Celso arremete contra los cristianos, pero aporta datos interesantes. El Talmud hace referencia a un tal Jeschua ben Pandera, un mago procedente de Egipto que realizaba prodigios semejantes a los de Apolonio de Tiana, y que fue lapidado por blasfemo, pero esta alusión fue escrita a partir del siglo IV cuando el mito de Cristo ya estaba muy difundido. A esto es preciso añadir que los historiadores orientales no distinguían entre lo histórico y lo mítico. En resumen, es imposible llegar a conocer el temperamento y la personalidad de Jesús. Pero, al menos, vamos a contar lo que nos dicen los escritos apócrifos y gnósticos, porque los canónicos prácticamente no dicen nada sobre la infancia de Jesús.

El nombre de Jesús era muy común en Israel; según los entendidos procede del monograma de Dionisos, *Ies*, y genera las derivaciones: *Jes, Jesús, Josué, Josías, Jeschua*. El cristianismo se creó cuando el Sol estaba en Piscis, de ahí procede el que a Jesús le llamaran Pez, *Ichthus*, como también se llamaba a Horus, y que los discípulos fuesen pescadores. Sostienen algunos que Isis y Jesús tienen la misma raíz, y significa «salvador».

Hemos dejado a María en la gruta donde acaba de dar a luz un hijo, al que rodean los ángeles. Un ángel se aparece a unos cabreros y les anuncia el nacimiento de Jesús cantando: «Gloria a Dios en las alturas y paz a los hombres de buena voluntad» (por lo visto nunca ha habido, ni hay, hombres de buena voluntad, porque las guerras son continuas), y los pastores van a la gruta a adorarle. Nunca más se vuelve a hablar de ellos y no parece lógico que se callaran una noticia tan sorprendente, con aparición de un ángel incluida, pues cuando llegan los Reyes Magos todos se extrañan del suceso. En el mundo grecorromano las apariciones celestes se reservaban a los pastores (y hoy también, como en Lourdes, Fátima, etcétera) y entre éstos colocaban a sus héroes; así los grandes hombres y los hijos de los dioses eran educados por pastores.

Solamente los Evangelios canónicos de Mateo y Lucas y el Evangelio apócrifo de Taciano (que aporta dos genealogías diferentes) dan la genealogía de Jesús; pretenden demostrar con eso que Jesús desciende del rey

David y de Abraham y para ello dan saltos generacionales sin el menor escrúpulo histórico. El antojo, la fantasía, la eliminación de lo que no conviene y el desprecio por los datos históricos, incluso por las crónicas bíblicas, presiden la confección de esas genealogías, que son verdaderas obras de imaginación. Por si fuera poco, se refieren a José, que según los cristianos no era el padre de Jesús, o ¿quizá sí lo era? Teóricamente, María y Jesús quedan fuera de esas relaciones dinásticas.

Asumen la idea de que de Abraham a David hubo catorce generaciones, las mismas que de David al exilio en Babilonia y del exilio a Jesús, todo ello porque catorce es dos veces siete, un número sagrado. Pero Lucas y Taciano (I) se remontan a Adán, y entre éste y Abraham dan cuenta de diecinueve generaciones. Entre Abraham y David todos coinciden en catorce generaciones, así como entre David y el exilio. Entre David y José las cifras son muy dispares: Mateo y Taciano (II) dan veintiséis generaciones, mientras que Lucas y Taciano (I) dan nada menos que cuarenta y una generaciones. Entre el exilio y José, Lucas y Taciano (I) dan veintisiete generaciones, mientras que Mateo y Taciano (II) sólo dan doce.

Entre Taciano (I) y Lucas hay bastante coincidencia en los nombres, salvo que Taciano se olvida de Sem, hijo de Noé, y ambos se olvidan de Salomón, hijo del rey David. Entre Salomón y José, en Mateo y Taciano (II), hay varias discrepancias, en nombre y en orden. Veamos el detalle.

Genealogías de Lucas y Taciano (I) de Adán a Abraham:

Lucas	Taciano (I)
Adán	Adán
Seth	Seth

Henós	Enós
Cainán	Cainán
Malaleel	Malalel
Yared	Jared
Henoc	Enoch
Matusalén	Matusalén
Lamec	Lamec
Noé	Noé
Sem	Arfaxad
Arfaxad	*Cainán*
Salé	Salé
Heber	Heber
Farec	Falec
Ragán	Ragán
Saruc	Saruch
Nacor	Nachor
Taré	Thara
Abraham	Abraham

Genealogías de Abraham a David de Mateo, Lucas, Taciano (I) y Taciano (II):

Abraham
Isaac
Jacob
Judá
Farés
Esrom
Arám
Aminadab
Naasón
Salmón
Booz

Obed
Jessé
David

Genealogías desde David a José según Lucas y Taciano (I), que coinciden, pero ambos se olvidan de Salomón, hijo de David, y dan cuarenta y una generaciones:

Natám
Matatá
Maimán o Menná
Meleá
Eliakim
Jonán
José
Judá
Simeón
Leví
Matat
Yorián o Joreim
Eliecer
Jesús o Josué
Er
Elmadam
Cosam
Abdí
Melquí
Nerí
Salatiel
Zorobabel
Resá
Yoanán
Judá

José
Semein
Matatías
Maat
Nangai
Eslí
Naúm
Amós
Matatías
José
Yanai o Janna
Melquí
Leví
Matat
Elí
José

Mateo y Taciano (II) dan veintiséis generaciones, pero los nombres o el orden no coinciden, como podemos ver:

Mateo	Taciano (II)
David	*David*
Salomón	Salomón
Roboam	Roboam
Abia	Abia
Asá	Asá
Jorán	*Josafat*
Ozías	Jorám
Joatám	Osías
Acaz	*Jostam*
Ezequías	Acház
Manasés	Ezequías
Amón	*Manasés*

Josías	Amón
Joacím	Josías
Jecomías	Jecomías
Salatiel	Salatiel
Zorobabel	Zorobabel
Abiud	Abiud
Eliacím	Ekiacím
Azor	Azor
Sadoc	Sadoc
Asím	Achím
Eliud	Eliud
Eliazar	Eleazar
Matán	Mathán
Jacob	Jacob
José	José

Según la más antigua tradición, Jesús nació en Nazaret, pero como entonces no se habría cumplido la profecía de Miqueas, fue necesario que naciera en Belén. Aparte de que Nazaret no existía entonces. Curiosamente ni Marcos ni Juan mencionan el nacimiento de Jesús. Ya iremos viendo la obsesión por cumplir ciertas profecías. Aseguran que nació en el año 754 de la fundación de Roma, durante el reinado de Herodes el Grande, pero Herodes murió en el año 750. Tampoco pudieron censarse por orden de Quirino, porque Israel no perteneció al Imperio romano hasta el año 6; además no existe constancia histórica de ningún empadronamiento por esa época. Por tanto Jesús pudo nacer entre el año 4 antes de la Era Común y el año 6 de ésta.

El 25 de diciembre es el solsticio de invierno, día clave del mito solar. Los primeros Padres de la Iglesia dudaron entre tres días para la fecha de nacimiento: el solsticio de invierno, el equinoccio de primavera o el 6 de enero. Se eligió esta última fecha, pero las fiestas del solsticio de invierno, las famosas y populares fiestas saturnales (en las que el dios-sol empieza a «renacer») estaban tan arraigadas, que la Iglesia se las apropió trasladando la fecha a la noche del 24 al 25 de diciembre; el equinoccio de primavera quedó como fecha de la Resurrección, cuando «renace» la naturaleza. Ambas fechas eran festivas en muchas civilizaciones. Se decidió el 6 de enero para celebrar la circuncisión y los Reyes Magos.

En el *Evangelio árabe de la infancia* se narra que Jesús, nada más nacer, dijo que él era el Verbo, el hijo de Dios, y que había venido para salvar al mundo. José, suponiendo que hubo censo, se inscribe como José, hijo de David, e inscribe a María como su esposa y a Jesús como hijo de la tribu de Judá. Algunos autores dicen que María y José continúan en la caverna «a escondidas y sin mostrarse en público, para que nadie supiera nada» (es decir, insisten en que están avergonzados y temerosos por algo que no han hecho bien; María, por estar acusada de adulterio y José, por haber ocultado el hecho, lo cual estaba penado). Al tercer día María salió de la gruta, entró en un establo y puso al niño en un pesebre, donde fue adorado por un buey y un asno (para que se cumplan unas profecías de Isaías y de Habacuc); allí permanecieron tres días.

Al séptimo día entraron en Belén, al octavo día se practicó la circuncisión de Jesús, que fue ejecutada por un tal Joel; según algunos, la partera guardó el prepucio en perfume, que fue el que utilizó «María la pecadora» para ungir a Jesús. A los diez días van a Jerusalén y a los cuarenta días se efectuó la purificación de María y la presentación en el Templo, donde encontraron al profeta

Simeón (de 112 años), que esperaba ver a Jesús antes de morir, y a la profetisa Ana (viuda desde hacía 84 años); ambos alaban y adoran al niño.

Dicen los apologetas que María era muy versada en la Biblia, cosa más que dudable en aquella época, en la que las mujeres tenían prácticamente prohibido leer. A los cuatro meses el niño ya andaba, y a los nueve meses deja de mamar y sus padres observan que ni come ni bebe ni duerme (otra fantasía de los armenios). Algunos evangelistas dicen que José paseaba por la villa de noche y a escondidas (lo que indica que sentía miedo de que le vieran).

José «va a Judea» (absurdo puesto que Belén está en Judea, quizá quiere decir Jerusalén), donde se encuentra con un revuelo porque han llegado tres Magos, hijos de los reyes de Persia, siguiendo una estrella, y preguntan por el rey de los judíos que acaba de nacer. Los Magos habían observado una luz como un sol y «adivinaron sin quererlo que había nacido el rey de reyes y el dios de los dioses. Y he aquí que uno de los dioses ha venido a anunciarnos su nacimiento» (¡pues si llegan a adivinar queriendo!). Es curioso y muy significativo que hablen de dioses, es decir, que eran politeístas, lo que era común entonces, y adoradores del Sol.

Desde la más remota antigüedad, la aparición de un cuerpo celeste anormal se ha considerado un signo de grandes y graves sucesos. Otras versiones dicen que un ángel va a Persia a avisar a los Magos nada más quedar María encinta, tardan nueve meses en hacer el viaje, y llegan justo en el momento en que nace Jesús, y los nombra: Melchor es rey de los persas, Baltasar de los indios (se supone que de la India) y Gaspar de los árabes; curiosamente les hacen hablar como auténticos judíos, incluso como cristianos. La tradición les transformó luego en Reyes Magos. Los magos y la estrella que les guía se encuentran en varias mitologías, los tres magos son las tres estrellas del cinturón de la constelación de Orión, y la estrella es Venus, conocida como «Estrella de Jacob» o «de la mañana».

Se entera Herodes y les pide que le digan dónde se encuentra para ir también a adorarle. Todos los Evangelios coinciden en colocar la llegada de los Magos bajo el reinado de Herodes el Grande, lo que es imposible, ya que Herodes murió cuatro años antes del comienzo de la Era Cristiana. La estrella, al llegar a la gruta, se transforma en una columna de fuego (si la estrella les guiaba, ¿por qué tenían que preguntar?). Adoran al niño; Melchor le ofrece mirra, aloe, muselina, púrpura, cintas de lino y «libros escritos y sellados por el dedo de Dios», Gaspar le dona nardo, cinamomo, canela e incienso, y Baltasar le entrega oro, plata, piedras preciosas, perlas finas y zafiros. José esconde en la caverna los tesoros donados por los Magos. Se llevan un pañal milagroso que les ha dado María y, por indicación de un ángel, vuelven por otro camino. Algunos dicen que los Magos iban acompañados de un ejército numeroso, compuesto nada menos que por doce generales, doce mil caballeros y los correspondientes infantes; pero esto es un absurdo, porque supone una verdadera invasión de tropas extranjeras que ni los israelitas ni los romanos hubieran tolerado. Según otras versiones, los Magos debieron de ir en avión, porque sólo tardan un día en llegar y al día siguiente llegaron a sus casas «a la hora de comer».

El *Evangelio armenio de la infancia* menciona un viejo mito que merece ser reseñado, según el cual Yahvé entregó un libro a Adán cuando nació Seth. Resulta que, después de muerto Abel, Adán estaba tan triste que no tuvo relaciones conyugales con Eva; cuando llevaban ¡doscientos cuarenta años! expulsados del Paraíso, Yahvé le ordenó que «entrase en Eva», y así nació Seth. «Como Adán había querido hacerse Dios, éste resolvió hacerse hombre», y así entrega un libro que comienza diciendo: «En el año seis mil, el día sexto de la semana, el mismo en que te creé y a la hora sexta, enviaré a mi único hijo, el Verbo divino, que tomará carne en tu raza y se convertirá en hijo del hombre, y te restablecerá en tu dignidad original, por los supremos tormentos de la cruz. Y entonces tú, Adán, unido a mí con un alma pura y un cuerpo inmortal, quedarás deificado y podrás, como yo, discernir el bien y el mal.» Este libro, según la tradición, fue pasando de generación en generación, hasta que llegó a manos de los Magos y éstos se lo ofrecieron a Jesús. Lo que no se sabe es qué fue de ese libro después. (Como leyenda no está mal.)

Herodes se va a Achaía olvidándose de todo, pero un tal Begor le dice que los Magos le han engañado, con lo cual monta en cólera y ordena buscar a Jesús, y como no lo encuentran decide matar a todos los niños menores de dos años; mueren así 13.060 niños. Esta leyenda, un elemento más del mito del futuro rey sagrado y el monarca gobernante, pretende ser un hecho histórico, pero es una invención de Mateo o de la imaginación popular que no tiene el menor apoyo documental; un hecho tan sanguinario y arbitrario hubiera sido comentado ampliamente por todos los historiadores de la época y posteriores. La pretendida matanza se repite en los mitos de Sargón, Krishna, Perseo, Zeus, etcétera.

El *Evangelio de Ammonio* es el único que pone en Nazaret y no en Belén la matanza de inocentes. Es más, lo lógico, político y práctico es que Herodes hubiera ordenado matar al niño nacido en Belén y no a todos, buscándose el odio popular. Por otro lado, no pudo dar esa orden, por el sencillo motivo de que no tenía jurisdicción para imponer penas de muerte a nadie, sólo los romanos tenían ese poder. Suponiendo que Herodes el Grande hubiera dado esa orden, lo cual es mucho suponer ya que llevaba muerto cuatro años, por temor a que Jesús le usurpase el trono, ¿cómo se explica que Jesús no llegase nunca a reinar cuando se hizo mayor y Herodes ya no existía?

María y José, según los armenios, ocultan a Jesús en un pesebre y ellos se ocultan en las ruinas de la ciudad (según parece Belén estaba en ruinas); más tarde, un ángel les dice que huyan a Egipto, pero se van a Ascalón y luego a Hebrón, donde se ocultan seis meses. Los descubren y tienen que salir hacia Egipto.

Mientras tanto Isabel huye con su hijo a la montaña, y como no encuentra dónde esconderse pide ayuda a Dios, la montaña se abre y les acoge, siendo protegidos por un ángel. Los servidores de Herodes preguntan a Zacarías dónde está escondido su hijo, y como no se lo dice le matan. Hasta el día siguiente no encuentran su cuerpo en el Templo, le lloran y eligen a Simeón como nuevo sumo sacerdote.

Nuevamente los diferentes evangelistas no se ponen de acuerdo. Según unos Jesús fue circuncidado a los ocho días de nacer, treinta y tres días más tarde es la purificación y la presentación en el Templo, y luego la adoración de los Magos. Según otros y la liturgia, a los trece días de la circuncisión llegaron los Magos y a los catorce días fue la presentación. Por último, otros afirman que la adoración de los Magos fue a los dos años del nacimiento. Por cierto, que hasta mucho más tarde no se determinó que eran tres los Magos, ni sus nombres, ni que fuesen, además, reyes de Oriente. Si Jesús fue circuncidado a los ocho días, a los trece días fue adorado por los Magos y a los cuarenta días fue presentado en el Templo, ¿cuándo ocurrió la matanza de inocentes, cuándo la huida a Egipto y cuánto tiempo estuvieron en este país? No se sabe, porque todo es producto de la imaginación.

La circuncisión no era una costumbre sólo judía, se practicaba en Egipto desde hacía dos mil quinientos años y también en otros lugares, como Asiria, Fenicia e incluso en Sudamérica. No se comprende cómo una medida exclusivamente higiénica se transformó en una «alianza» entre Jehová y el pueblo de Israel; porque supone reconocer que Yahvé hizo mal al hombre y éste tiene que arreglarlo, o bien el absurdo de que Dios encontró en un pellejo algo tan importante como para fundar en él su alianza y sus promesas.

La huida a Egipto se hace «por el camino del desierto», y por lo visto les acompañan tres muchachos y una joven; según otros, les acompaña Salomé. Llegan a una gruta, donde entra María a reposar, y de la gruta salen unos dragones, los niños gritan de espanto, pero Jesús, al ponerse en pie, es adorado por los dragones y les ordena que no hagan daño a los hombres. Como sus padres temen que le hieran, les dice: «No temáis ni me miréis como a un niño, porque siempre he sido un hombre hecho y todas las bestias se amansan ante mí» (?); desde ese momento los leones y leopardos le adoran y les acompañan junto a bueyes, asnos, corderos, ovejas e incluso lobos (para que se cumpla otra profecía). Al seguir el relato, resulta que también iban acémilas con los equipajes y hasta una carreta de bueyes con los objetos necesarios. (¡Toda una caravana de lujo!)

Al tercer día María se sienta a descansar junto a una palmera —según otras versiones era un melocotonero—, y desea sus frutos; José le dice que están muy altos para cogerlos y Jesús ordena al árbol que se incline, recogen sus frutos, le manda luego enderezarse y de paso hace manar agua. En agradecimiento, Jesús concede a la palmera que una de sus ramas sea plantada en el jardín de su Padre (realmente increíble).

Luego Jesús hace que en una jornada recorran lo correspondiente a treinta días, con lo cual llegan a Egipto, a la ciudad de Sotina, donde, como no conocen a nadie, entran en el Templo y los trescientos sesenta y cinco ídolos que había en él caen al suelo y se rompen, demostrando así que eran falsos (Isaías). En esto llega el gobernador Afrodisio con sus tropas, y al ver lo que había pasado adoraron a Jesús, comentando que por no haberlo hecho, un antiguo faraón pereció ahogado con su ejército (lo que se ha demostrado ser pura leyenda). Toda la ciudad de Sotina también le adoró, como no podía ser menos.

Según otras versiones la huida a Egipto se realizó cuando Jesús tenía dos años; al pasar por un sembrado cogió espigas, las asó y se las comió, y al llegar a Egipto se alojaron en casa de una viuda, donde pasaron un año. Jugando con otros niños, se encuentra con un pez seco, conservado en sal, y le hace revivir, ordenándole que se quite la sal y beba agua (!). Al ver esto, los vecinos se lo comentan a la viuda, y ésta les echa de su casa porque no quiere hechiceros. Más tarde, yendo con su madre, Jesús se burla de un maestro, que los expulsa de la ciudad.

Para el *Evangelio árabe de la infancia*, los milagros realizados en Egipto, además de los indicados, son: en una aldea hay un ídolo custodiado por un sacerdote, cuyo hijo está poseído por el demonio, al llegar Jesús se produce un terremoto y el ídolo cae y se rompe; el hijo poseso se cura al ponerse un pañal del niño en la cabeza. El faraón los persigue para matarlos, pero Lázaro (el mismo que luego fue resucitado) sale fiador y consiguen escapar (!). Unos bandidos han robado a una caravana de viajeros, a los que habían despojado y atado; de pronto, y milagrosamente, oyen como un tumulto de gente que se aproxima y huyen; los viajeros se desatan y recuperan todo lo robado. En otra aldea vive una peligrosa posesa, María siente pena por ella y le arroja un pañal, con lo que se cura; agradecida, su familia los acoge en su casa. Al día siguiente se despiden y llegan a otra aldea, donde se va a celebrar una boda, pero están apesadumbrados porque la novia se ha quedado muda por culpa del demonio; al ver a Jesús le abraza y se cura.

Una mujer tenía un hijo poseso, que era precisamente Judas Iscariote, y le lleva ante María, pero Jesús, que sólo tenía tres años, estaba «jugando con sus hermanos». Judas se une a ellos, le da un ataque y comienza a golpear y morder a Jesús. De su cuerpo sale un demonio en forma de perro rabioso. Cura a otra posesa, que, en reconocimiento, baña al niño con agua perfumada, y esta agua sirve para curar a una leprosa, que queda tan agradecida que les pide ser «su hija y sierva, porque soy huérfana», y aceptan su ofrecimiento.

Al llegar a otra aldea (por lo visto no paraban en ningún sitio), la mujer de «un jefe ilustre» está llorosa porque ha tenido un hijo leproso y su marido quiere que se deshaga de él o si no, la repudia; la joven que les acompaña le dice que bañe al hijo en el agua en que se ha bañado Jesús, así lo hace y su hijo se cura. En otro sitio curan de «un maleficio» a un joven esposo. En una aldea ven a tres mujeres llorando porque su único hermano se ha convertido en mulo, por el encantamiento de unas hechiceras; María, conmovida, pone a Jesús sobre el mulo, y se transforma de nuevo en un hombre; para rematar el cuento, sus hermanas deciden casarle con la ex leprosa que les acompañaba.

En un desierto les salen al paso dos bandidos, Tito y Dúmaco, el primero propone dejarles libres previo pago de cuarenta dracmas, y Jesús, que tenía meses, dijo: «Dentro de treinta años me crucificarán junto a estos dos bandidos, Tito a mi derecha y me precederá en el Paraíso y Dúmaco a mi izquierda»; los evangelistas les llaman respectivamente Dimas y Gestas y fueron crucificados junto a Jesús. En Matareh hizo brotar una fuente en la que María lava su túnica, y del sudor de Jesús nació el bálsamo. De allí pasan a Misr, donde ven al faraón y donde, por fin, residen tres años.

El *Evangelio armenio de la infancia*, cargado de imaginación, describe otros episodios diferentes. Al huir a Egipto llegan a Polpai, donde residen seis meses, y luego a El Cairo (?), donde viven en un castillo. Jesús va con unos niños y hace alarde de abrazar un rayo de sol desde lo alto del castillo y descender por él hasta el suelo, sin sufrir daño alguno. Quedan todos maravillados, pero María y José cogen miedo y se van a Mesrin, donde ven unas estatuas parlantes que se ponen a vociferar al paso de Jesús y gritan que pasaba el hijo de un gran rey con un poderoso ejército. Los habitantes de Mesrin se aprestan a la defensa, pero no ven nada, por lo que preguntan a José si ha visto algo en el camino. Éste dice que no vio ningún ejército, con lo cual se calman.

Llegan a otra ciudad, donde había un gran templo dedicado a Ra, el dios-sol, y van a celebrar la fiesta de año nuevo; Jesús va a ese templo y se indigna cuando lee que

Ra es el dios creador del cielo, de la tierra y del hombre, y exclama: «Padre, glorifica a tu hijo», y nada más decir esto se produce como un seísmo y se derrumba todo el edificio, con sus ídolos, sepultando a los sacerdotes y fieles (que Jesús fuera capaz de descifrar los jeroglíficos egipcios no parece creíble). Lógicamente la ciudad se vuelve contra María, José y Jesús y les quieren matar; María suplica piedad a Jesús y éste contesta que no sabe lo que dice y que Satanás, que reside en el interior de los ídolos, pretende ser como Dios; María insiste y Jesús resucita a los muertos, con lo que toda la ciudad le adora y reconoce como hijo de Dios. Un potentado, Eleazar, cuyos hijos son precisamente Marta, María y Lázaro, los invita a su casa; Marta cuidaba de Lázaro y María de Jesús, estos últimos tenían la misma edad.

Un ángel se aparece a María, según otros a José, diciendo que pueden volver a su tierra «porque los que querían su vida han muerto». No se sabe cuánto tiempo estuvieron en Egipto, los evangelistas no se ponen de acuerdo; Ammonio es el que prolonga más la estancia, dice que fueron siete años. Al pasar por una ciudad santa, los demonios, que viven en los ídolos, están aterrados porque uno de ellos les ha contado lo que pasó en el templo de Ra, y no es para menos, porque cuando llega Jesús todos los ídolos se rompen y los templos se derrumban.

Las versiones más lógicas son dos. Según la primera, María y José tienen que huir a Egipto porque ella está acusada de adulterio, lo que se castigaba con la lapidación, y José ocultó el hecho, cuando debía haberlo denunciado, cometiendo así una falta grave. Según la otra, el hambre fue lo que les impulsó a ir a Egipto, donde tuvieron que trabajar los dos. Es muy posible que la verdad sea una mezcla de ambas versiones.

En Egipto, Jesús aprendió los poderes mágicos, de los que eran maestros los egipcios, lo que sirvió, al regresar a su país, para provocar la admiración de un pueblo ignorante y supersticioso y proclamarse hijo de Dios, mientras realizaba actos espectaculares y «milagrosos». Ésta es la explicación que da Celso, quizá muy próxima a la verdad.

Los armenios dicen que primero fueron al monte Sinaí y luego a Siria, pero no pararon en ningún lado porque residen en la ciudad de Madián (en Canaán), luego en Israel, en Basora (Irak actual), en Tiberíades, en Arimatea (Galilea) y en Emaús; al fin regresan a Nazaret, «donde estaba la hacienda de su padre» (el padre de María).

Cuando tenía cuatro años, en Galilea, a orillas del Jordán, el niño Jesús hizo unos surcos y unas lagunas por donde corría el agua; otro niño le destruye la obra, y al maldecirle Jesús, muere de inmediato. Sus padres, lógicamente, se quejan y María pide explicaciones a Jesús, «porque José no se atrevía»; Jesús insiste en que merecía la muerte por destruir su obra. María teme las represalias y entonces Jesús, para calmarla, resucita al niño, no sin llamarle «hijo de la iniquidad» (no cabe duda de que era rencoroso). Jugando con otros niños cura a uno de ellos que tenía un ojo reventado a consecuencia de una pelea.

A los cinco años, cuando está con unos niños, convierte el agua en sangre corrompida y les mancha sus trajes; ellos rompen a llorar y Jesús les limpia. Otro día está con un grupo de niños y como se asfixian de calor, Jesús hace manar agua de una roca y pone peces en el agua, con tal abundancia que pescan muchos para comer y vuelven a sus casas con muchos más. Al regresar, uno de los niños se pierde y muere de hambre, sed y calor; un juez investiga el caso y castiga a los niños con azotes, y éstos acusan a Jesús. Al día siguiente, José y Jesús encuentran al niño muerto, y en vista de que el juez echa la culpa a Jesús, éste resucita al niño, pero sólo el tiempo justo para que testifique que Jesús es inocente. Un día coge polvo del suelo y lo esparce por el aire trocándose en moscas y mosquitos que invaden la ciudad, y luego lo transforma en avispas y abejas que pican a sus compañeros de juegos.

El autor o autores de los apócrifos deben de estar a veces escasos de inventiva, porque repiten varias veces el episodio en el que muere un niño y echan la culpa a Jesús; unas veces el niño muere de una pedrada, otras cae de una terraza y otras cae a un pozo. Como las cosas se ponen feas y todos sus compañeros de juegos le acusan a él, resucita al niño muerto el tiempo suficiente para que descubra al verdadero culpable.

Cae una fuerte lluvia y Jesús ordena que las aguas se reúnan en una cisterna. Más tarde Jesús modela doce pájaros con barro, siendo reprendido por José por haberlo hecho en sábado, y Jesús hace que los pájaros vivan y salgan volando, «esto causó la admiración de todos, incluso de las doce tribus» (!). Luego otro niño, hijo de un sacerdote, destruye una obra de Jesús, éste le maldice y aquél muere. José, espantado, lleva a Jesús a casa y en el camino otro niño quiere hacerle daño y también muere; José le riñe y se lo lleva de una oreja; el niño se enfada y contesta: «Acabas de obrar como un insensato, ¿ignoras que te pertenezco? Tú te crees mi padre. Tú no sabes quién soy, si lo supieras no me contrariarías. No me hagas daño.» Los padres y vecinos, con toda razón, se quejan a José y le dicen que su niño es un verdadero peligro y que más vale que le enseñen a bendecir en vez de a maldecir y que no quieren que viva con ellos. José le reprende de nuevo y Jesús le contesta: «Yo sé que a ti, y no a mí, afectan esas quejas. Y me callaré por ti, pero ellos sufrirán su castigo.» Todos los que hablaban contra Jesús quedaron ciegos. Como el asunto toma un cariz feo, Jesús decide resucitar a los que había castigado y devolver la vista a los ciegos.

María y José llevan al niño a instruirse con el maestro judío Zaquías y Jesús le contesta mal, le suelta un discurso en el que viene a decir que ya lo sabe todo, incluso «sabe cómo fue hecho el mundo», y le enseña las alegorías de la letra alfa (pero ¿no eran judíos?, ¿cómo es que le enseña el alfabeto griego?). En vista de lo cual le mandan con el maestro Leví, pero Jesús le da una lección que le deja estupefacto. Le envían a otro, y como Jesús le contesta mal, el maestro, irritado, le pega, y muere de inmediato. No es de extrañar que José diga a María que no deje salir de casa a Jesús porque «cuantos le encolerizan quedan heridos de muerte» y ya está harto de reclamaciones. Según los armenios, sus padres le llevan al famoso maestro Gamaliel (posible discípulo del rabino Hillel), a quien también da lecciones; ante esto José dice a Gamaliel que no sabe qué hacer con Jesús y Gamaliel le aconseja que le enseñe el oficio de carpintero.

A los seis años, su madre le manda a por agua, un niño le empuja y rompe la vasija, pero Jesús recoge toda el agua con el manto. Otro día planta un grano de trigo y recolecta tres medidas que reparte «entre sus numerosos parientes». José hacía carretas y yugos en la carpintería, un buen día un rico le encarga una cama y corta una pieza más corta que la otra, porque «José no era hábil en el oficio de carpintero», pero Jesús las iguala, con lo que José «queda encantado con el niño que me ha dado Dios».

(No es para menos.) Según los armenios el problema se presentó cuando construye un trono para el rey, que queda tan contento que le encarga nada menos que un palacio. En ambos casos Jesús iguala las maderas. El rey les premia, a Jesús con un vestido real y una diadema y a José «con mucho oro y plata».

A los ocho años sale de Jericó y va hacia el Jordán; entra en una caverna donde mora una leona con sus cachorros, que al verle le adoran. Todos le creían destrozado por las fieras, pero sale ileso de la caverna, rodeado de leones, y cruza con ellos el Jordán, separándose previamente las aguas para que pasaran en seco, luego ordena a los leones que no hagan daño a nadie (por lo que parece no le han hecho mucho caso). Resucita a un joven que se había desangrado al cortarse con un hacha y a un niño tullido. Aprovecha para curar a un niño ciego.

Se van a Cafarnaún huyendo de las envidias (no me extraña nada) y allí resucita a un muerto a ruegos de José. Van luego a Belén, donde José manda ir a la huerta a Jacobo, que es mordido por una víbora, pero Jesús le sana y muere la serpiente. Más tarde José va a un banquete «con sus cuatro hijos, sus dos hijas, Jesús, María y una hermana de ésta, María de Cleofás»; curiosamente el evangelista apócrifo no dice el motivo del banquete, parece que sólo quiere resaltar que todos temían a Jesús y que no osaban empezar a comer sin su presencia y bendición.

A estos hechos hay que añadir otros prodigios dignos de una antología del disparate. De entrada, en Belén cura una epidemia que estaba causando estragos. Hay dos mujeres, María y Azrami, que tienen a sus respectivos hijos enfermos. María, con un pañal del niño Jesús, confecciona una túnica (debía de ser un pañal enorme), se la pone a su hijo, Cleopas, y éste se cura; el hijo de Azrami muere y ella, en un descuido de María, mete a Cleopas en un horno, pero no se quema y el horno se apaga; más tarde tira a Cleopas a un pozo, pero no se ahoga; entonces María se queja a la Virgen y ésta le dice que «Dios la vengará», en efecto, poco después Azrami cae al pozo y muere.

Una mujer tiene dos gemelos enfermos, uno muere y el otro está agonizando, acude a María y ésta le dice que lo acueste junto al niño Jesús, de inmediato el crío revive y grita: «¡Madre, dame el pecho!»; resulta increíble y más aún cuando resulta que ese niño era Tomás Dídimo, que quiere decir «gemelo», y del que se dice que era gemelo de Jesús. Una mujer atacada de lepra y sarna acude a María, le dice que espere a que Jesús salga del baño y se rocíe con su agua, así lo hace y se cura. Más tarde cura a otra leprosa y a una posesa.

Cuando Jesús cumple nueve años, José le confía a un tintorero porque «ha comenzado el aprendizaje de varios oficios, y, por falta de perseverancia, no ha terminado ninguno». Jesús mete todas las ropas del taller en un solo tinte; lógicamente el tintorero se enfada y teme las reclamaciones de sus clientes, pero Jesús hace el milagro de que cada ropa salga del color que debía. El *Evangelio de los Egipcios* relata un milagro equivalente, el niño Jesús va a una alfarería y hace que los obreros fabriquen más ollas y pucheros que nunca, con lo cual quedan encantados; pero cuando se van a sus casas, Jesús rompe toda la producción; a la mañana siguiente ven el estropicio y sospechando de Jesús van a quejarse a

José y quieren enseñarle lo que ha hecho, sin embargo, cuando llegan a la alfarería está todo en perfecto estado.

Jesús se acerca a unos niños y éstos, al verle, salen corriendo y se esconden en un horno; en castigo, Jesús les transforma en machos cabríos. Sus madres se quejan a María y a José, éstos le reprenden y él les contesta: «Los hijos de Israel están colocados entre los pueblos en el mismo rango que los negros» (lo que no tiene sentido, aparte de ser racista); ante las súplicas devuelve a los niños su aspecto original. Jugando con otros les sugiere que elijan a un rey entre ellos, naturalmente él es el elegido, todos le rinden homenaje y se lo exigen a todo el que pasa.

Jesús se entretiene a base de descoyuntar a unos niños, cegar o dejar sordos a otros y hace que les muerdan unas víboras a los últimos, sólo por el placer de curarles luego. (La verdad es que no podía hacer «bromitas» más pesadas, se comporta como un auténtico gamberro.)

Un «niño» de quince años, que, ¡oh, casualidad!, es Simón Zelote (¿el futuro apóstol Pedro?), había sido mordido por una sierpe y estaba a punto de morir. Jesús le lleva a donde estaba la serpiente y le ordena a ésta que chupe el veneno que le ha inoculado. Así lo hace y Simón queda curado; Jesús maldice al reptil, que muere de inmediato. Luego sana a un joven apaleado por unos bandidos. Hace que una roca se incline para sentarse en ella y luego hace lo mismo con un árbol. Cura a un muchacho de sus numerosas enfermedades y a un leproso. Según los armenios, un ángel les dice que vayan a Nazaret, donde consigue que dos hermanos hagan las paces, cura a un leproso pagano y a un anciano; ante dos soldados confiesa que es el hijo de Dios.

El único episodio de la infancia de Jesús que aparece

en los canónicos se debe a Lucas. Dice que cuando contaba doce años subieron a Jerusalén para celebrar la fiesta de la Pascua, y al volver, José pensaba que el niño iba con María y ésta que iba con aquél. Preocupados, al ver que no va con ninguno de los dos, vuelven a Jerusalén y a los tres días (!) le hallan en el Templo hablando con los doctores, a quienes no sólo explica la Torá, sino que les habla de astronomía, de filosofía, de medicina, etcétera. Su madre le dice: «Hijo, ¿por qué nos has hecho esto? He aquí que tu padre y yo te hemos buscado con dolor» (Lucas 2,48). Y Jesús le responde que por qué le buscaban, pues deberían saber que tiene que estar «en los negocios que son de mi Padre». Y dice el evangelista que ni María ni José entendieron lo que quería decir. En este relato quedan claras dos cosas, que José era su padre y que si fueran ciertas todas esas apariciones de ángeles, de anunciaciones, de milagroso nacimiento, etcétera, tanto María como José habrían comprendido perfectamente la contestación de Jesús.

En los canónicos, salvo el episodio que cuenta Lucas, no se habla de la vida de Jesús hasta que cumple treinta años. Algunos dicen que Jesús comenzó a predicar cuando tenía veintiocho años y el ciclo de la Luna es precisamente de veintiocho días. Los canónicos nos presentan una infancia de Jesús totalmente diferente a las que hemos visto, aparece un niño Jesús obediente, sumiso, que nunca replica ni contradice a sus padres e incluso llama madre a María y padre a José. Todos terminan sus relatos diciendo que Jesús crecía en sabiduría (lo que contradice sus narraciones anteriores), en edad (lógicamente) y en gracia. Y que María guardaba todos los sucesos en su corazón.

No se puede dudar de la buena intención de los evangelistas al tratar de presentar a Jesús como un niño excepcional, de gran sabiduría, dotado de poderes extraordinarios y que hace milagros constantemente, aunque hay que reconocer que se pasan en adjudicárselos, en especial los árabes y los armenios. Sin embargo, la figura que nos dan no puede ser más negativa, nos presentan un niño repelente, un sabelotodo que no respeta a sus maestros ni a sus padres, que se irrita por cualquier cosa, vengativo hasta la crueldad, incapaz de darse cuenta de que, en los juegos de niños, son frecuentes los enfrentamientos, pero que éstos no tienen la menor trascendencia; a pesar de ello no perdona a nadie y cuando resucita a alguno le devuelve la vida justo el tiempo necesario para que atestigüe en su favor, además se divierte dañando para luego curar. Un niño al que hasta sus padres y hermanos tienen miedo. En fin, todo lo contrario de lo que pretendían los evangelistas, pues resulta especialmente antipático.

Vida pública de Jesús

Que todo un Dios tenga que venir personalmente a la Tierra a ver lo que está pasando y a redimir a unos seres creados por él no es un acto propio de un ser omnipotente y omnisciente por definición, e indica, además, que no se ha hecho obedecer. Es absurdo que Dios envíe a su único Hijo a redimir a los hombres y que no lo consiga en absoluto, porque sólo logra que cometan un nuevo crimen crucificándole. Se supone que la redención consiste en rescatar a la humanidad de las garras de un dios malo: Satanás; pero habría sido más lógico y más fácil que Dios hubiera aniquilado al demonio, o que nos hubiera hecho mejores. No tiene sentido sostener que Dios estaba gravemente ofendido y que para arreglar las cosas se hizo hombre para sufrir una brutal pasión y muerte, sin conseguir nada, pues la humanidad sigue siendo igual o peor que antes.

Lo primero que debe aclararse es que no es correcto afirmar que Jesús es Dios, dicen que Jesús es Hijo de Dios, pero no es Dios. El propio Jesús no reclamó nunca para sí el título de Hijo de Dios ni el de Mesías. Hay que tener en cuenta que a lo largo de la historia, y en especial en aquellos años, muchos fanáticos y no pocos charlatanes han pretendido ser hijos de Dios, o enviados por Dios, o el esperado Mesías, o incluso Cristos y Anticristos.

El término *mesías* designaba a la persona consagrada, con la unción de aceite, como rey de Israel; más tarde la palabra Mesías tomó la forma griega de *Christo*. Con el tiempo y la influencia de la Iglesia, fue perdiendo su valor de título para convertirse en el nombre del propio Jesús. El nombre conjunto de *Jesucristo* no fue adoptado hasta el Concilio de Nicea (325). El término *cristo* se aplicaba a los dioses salvadores ungidos, más tarde se extendió a ciertos reyes y profetas. El nombre procede del hindú *Kris,* un nombre del Sol, del que se deriva Krishna.

No se concibe la idea de que Jesús sea hijo físico de Dios, porque por definición Dios no engendra hijos. En el Nuevo Testamento no se nombra nunca a Jesús como Dios, los apóstoles y los primeros cristianos le dan el título de *Señor,* con la característica de intermediario entre los hombres y Dios, un Señor que es socorro y cobijo del hombre, pero nunca se le considera Dios, y con una imagen que no coincide en absoluto con la idea del Mesías. ¿Qué Mesías esperaban los judíos?, un rey ungido, de la casa de David, salvador y liberador del pueblo; un mesías único, aunque algunas sectas creían en dos: un rey-salvador y un líder espiritual. Conviene resaltar que aún hay quien sigue esperando al ansiado Mesías.

La llegada de un enviado de Dios, para liberar o enseñar al pueblo, se repite en numerosas leyendas; por ejemplo, a Hesiodo se le aparecieron las Musas cuando apacentaba ovejas al pie del monte Helicón, y le encargaron la misión de anunciar la verdad a los hombres. La verdad que pretende comunicar es que, para él, los dioses no son meras ficciones, sino entidades reales, que viven y actúan, y que su misión es dar a conocer a los hombres las auténticas biografías de los dioses, eliminando de los antiguos mitos todo aquello que le parezca inexacto o falso. De esta forma traza una nueva teología en la que trata de explicar el hecho del mal, justificando el gobierno de los dioses y mostrando que el mundo es el escenario de la lucha feroz entre las fuerzas elementales y las divinidades, con el triunfo final del justiciero y todopoderoso Zeus. Las calamidades de la vida son consecuencia de la rebelión contra la autoridad de Zeus. Es indudable que «no hay nada nuevo bajo el sol».

En los Evangelios canónicos, Jesús hace la siguiente pregunta a sus discípulos: «¿Quién dicen los hombres que soy yo?» Y le dan extrañas contestaciones: unos dicen que es Juan el Bautista, otros, que Elías y otros, que un profeta. Jesús dice: «¿Vosotros quién decís que soy yo?», a lo que Pedro responde: «Tú eres el Cristo»; absurda respuesta, pues se le conoció como Cristo mucho después. Y Marcos añade: «... y amenazoles para que no lo dijeran»; ¿por qué no quería que se supiera?, ¿quizá porque no era así? Es indudable que si hubiera dicho, o simplemente insinuado, que él era Dios o hijo de Dios, habría sido lapidado por blasfemo. Sin duda, muchos coetáneos sentían admiración por Jesús, al que tenían por el verdadero profeta, el Mesías, pero hubieran juzgado una monstruosidad y una blasfemia considerarle Dios, y más teniendo en cuenta que le conocían, que sabían quiénes eran sus padres y hermanos. A la respuesta de Pedro, Mateo es el único que dice que Jesús contestó: «Y tú eres Pedro y sobre esta piedra edificaré mi Iglesia.» En primer lugar, Jesús no pudo decir eso porque se hubiera opuesto a su idea de que el fin de los tiempos era inminente; en segundo lugar, no tiene sentido pretender fundar una Iglesia cuando todo va a terminar, y en tercer lugar, está demostrado que Pedro nunca fue Papa. Pero a la Iglesia le interesa mucho resaltar esas palabras.

Desde el primer momento existieron numerosas creencias que se transformaron en heréticas porque se impuso la doctrina oficial. (Véase Glosario al final de la obra.) Unos suponían que Cristo era Dios, pero no hombre, otros que era hombre y no Dios, mientras que otros pensaban que eran dos seres diferentes, uno divino y otro humano. La Iglesia zanjó la cuestión asegurando que Jesús era al mismo tiempo Dios y hombre, que tenía dos naturalezas; una divina y otra humana, todo ello debido a un misterio. La Iglesia aseguró que, por otro misterio, el Hijo, engendrado por el Padre, era igual al Padre, así como el Espíritu Santo, que procede del Padre y del Hijo. Se crea así una Trinidad y, para defender el monoteísmo, se afirma que, por otro misterio, son «tres personas distintas, pero un solo Dios verdadero»; ¿desde cuándo los dioses son personas?, ¿no son demasiados misterios? Sin comentarios.

La figura de Dios-Padre procede del griego Zeus-Pateras, una versión del hindú Dyaus-Pitar y del egipcio Otah. Zeus y Dyaus evolucionaron en Deus, Deos y Dios, que significa también «cielo». La Trinidad es muy común en muchas civilizaciones, primitivamente era toda femenina, pero la más arraigada y que más perduró fue la formada por el Padre, la Madre y el Hijo, reflejo del culto al Sol en sus etapas diarias en el amanecer, plenitud y ocaso.

Según los investigadores, la imagen de Serapis, dios egipcio, proporcionó el primer modelo para los retratos convencionales del Jesús histórico. Se nos ha vendido la imagen de un hombre alto, rubio, delgado, de rostro alargado y espiritual, pero según parece cojeaba, era bajo y bastante feo. Recientemente la Universidad de Oxford hizo un retrato robot de Jesús, basado en su etnia y en las costumbres y alimentación de la época, en el que no resulta nada agraciado, con cara redonda, moreno, bajo, de piel aceitunada y cara de rudo campesino.

Por otro lado, el Cristo de la fe tiene con Serapis la misma relación que con los demás dioses redentores, basados en mitos generativos y mitos solares cuyo simbolismo es idéntico en todos ellos. Las pruebas del carácter mítico-solar de Cristo se reflejan en diversos actos de su vida, simbólicamente interpretada por medio de antiguas profecías religiosas, y en que los primitivos cristianos tenían una idea de Cristo muy cercana a la de un dios solar. Loisy y Guichot han resaltado las formas míticas solares del *Apocalipsis* y de otros escritos cristianos.

Los Rollos del Mar Muerto, descubiertos en Qumrán, facilitan mucha información sobre el grupo de los esenios. Los esenios se consideraban los auténticos custodios de la religión de Israel. Creían que su fundador, «el Maestro de Justicia», había instaurado una alianza nueva entre el pueblo de Israel y Jehová. Se ingresaba en la comunidad mediante una selección individual seguida de un período de iniciación. Cumplían estrictamente los seiscientos trece mandamientos de la ley. Los esenios y la Iglesia primitiva tenían muchos aspectos en común. Según algunos investigadores, Qumrán no era una comunidad esenia, sino un lugar de descanso de las caravanas; sus manuscritos tienen ideas que no coinciden con las de los esenios, con pasajes helenizados y guerreros más en la línea de los zelotes o galileos.

La Iglesia llama a Jesús «Jesús de Nazaret», lo que no es correcto, porque en aquella época no existía aún la ciudad de Nazaret. El término acertado es el de «Jesús Nazareno», porque Jesús fue un miembro importante del grupo de los nazarenos, movimiento muy ligado a los esenios, que se supone había sido fundado por Yahía Yahana, para los cristianos Juan el Bautista, y que estaba dirigido por Santiago, hermano de Jesús. Los mandeos fueron los descendientes de los nazarenos. Según otra tradición, Juan fundó varias sectas sabeanas o bautistas dentro de los grupos de esenios y nazarenos. Lo que sí está claro es que tanto los esenios como los nazarenos existían bastante antes del cristianismo y que poseían una marcada influencia hinduista, sus maestros eran anacoretas semejantes a los gurús del hinduismo. Lógicamente, esto a la Iglesia no le gusta nada y trata de ocultarlo.

En la comunidad esenia de Qumrán se enseñaban las siguientes virtudes: verdad, rectitud, bondad, justicia, honradez, humildad y fraternidad; sufrió una profunda transformación bajo la influencia de Jesús y de su hermano Santiago, y fue prácticamente aniquilada por los romanos en la revuelta de los años 66 a 70, quedando sólo los judeocristianos de la Diáspora. Los esenios fueron desterrados y anduvieron «en la oscuridad» hasta que el «Maestro de Justicia» les enseñó «el camino». No se sabe quién fue el «Maestro de Justicia», porque los Rollos del Mar Muerto no dan nombres; se supone que fue un iluminado que profetizó «el fin de los días» y que Jehová aniquilaría a sus enemigos para dar comienzo a una nueva era de paz y de justicia.

La comunidad de Qumrán se autodenominaba Comunidad, Congregación de Israel o Hijos de la Luz, y estaban convencidos de que, por haber sabido guardar las esencias del verdadero Israel, serían los designados para librar la batalla final, purificar el Templo, y restablecer el culto tradicional. Esperaban dos Mesías: uno davídico y otro «Intérprete de la Ley», quienes les dirigirían para vencer al «Príncipe del Mal» y a la «Comunidad de Belial» o satánica. Algunos quieren identificar a Jesús como el Mesías davídico y a Santiago como el «Intérprete de la Ley» o Mesías espiritual, aunque en un principio éste fue Juan el Bautista. Se ha dudado mucho sobre la existencia de Jesús y de Juan el Bautista, pero es indiscutible que tanto si son históricos como si no lo son, se les ha transformado en personificaciones místicas y míticas.

Algunos investigadores sostienen que Jesús pasó un período de iniciación de tres años (y no de cuarenta días) en la comunidad esenia (que ellos llamaban «el desierto»), donde recibió una elevada formación esotérica, junto con su hermano Santiago. Según parece, Juan Bautista, Jesús y Santiago ocuparon cargos importantes en la comunidad. Pero Celso dice: «Jesús, por razón de su pobreza, tuvo que emigrar a Egipto. Allí adquirió ciertos poderes mágicos que los egipcios se jactaban de poseer... Volvió a su país altamente ensoberbecido de poseer esos poderes y con el prestigio y la fuerza que le daban, se anunció como un dios.» Por último algunos creen que Jesús estuvo en la India, pues muchas de sus sentencias tienen el sello inconfundible de los *upanishad* hindúes.

Algo debe de ser cierto en todas esas hipótesis, porque en sus enseñanzas no hay ninguna original, todas fueron proclamadas siglos antes por las religiones de Mesopotamia, Egipto, la India, Grecia, etcétera, como son las siguientes: devuelve bien por mal; no hagas a nadie lo que no quieras que te hagan; reconcíliate con tu hermano y con tu adversario; ama a tus enemigos; no juzgues ni condenes, para no ser juzgado ni condenado; la limosna, la oración y el ayuno han de hacerse en privado; no sólo de pan vive el hombre; nadie puede servir a dos señores; hay que guardarse de los falsos profetas; hay que perdonar, para ser perdonados, etcétera. Por ejemplo, Sócrates decía: «Obrar mal y ser injusto es la misma cosa…, por tanto, es un deber absoluto el no ser nunca injusto», y añadía: «Así pues es obligación sagrada jamás pagar injusticia con injusticia, o mal con mal.»

Los términos *Reino de los Cielos* y *Reino de Dios* tenían un significado político; los seguidores del movimiento de independencia pertenecían al «Reino de Dios», los que no lo seguían estaban «en el mundo». Hay que tener en cuenta que la palabra *reino* para los judíos significaba la tierra de Israel, la tierra regida por la ley mosaica y, por tanto, liberada de extranjeros. Pero los nuevos cristianos, los no judíos, ofrecen una idea del «Reino de Dios» bastante pobre, lo interpretaron como un lugar paradisíaco adonde irían los buenos al morir.

Según Taciano y Lucas, Juan el Bautista hace su aparición en el decimoquinto año del imperio de Tiberio César; Pilatos era gobernador de Judea, Herodes Antipas tetrarca de Galilea, el hermano de éste, Felipe, tetrarca de Iturea, y Lisanias, tetrarca de Abilinia; Anás y Caifás eran sumos sacerdotes. Ahora bien, Lisanias había sido asesinado treinta años antes del nacimiento de Jesús, por lo que mal podía ser tetrarca de Abilinia.

Juan el Bautista llevaba «un vestido de piel de camello y un cinturón de cuero alrededor de sus lomos» y comía langostas y miel silvestre; iba predicando la necesidad de hacer penitencia porque el fin de los días era inminente, bautizaba a sus seguidores e insultaba a los fariseos y saduceos llamándoles «generación de víboras». Según el historiador Josefo, «Juan era un hombre lleno de celo, que exhortó a los judíos en el ejercicio de la virtud, en la justicia y en la piedad. Creía que su bautismo resultaba agradable a Dios si no acudían a él sólo para limpiar sus manchas, sino para purificar su cuerpo después de haber purificado su alma por la justicia». Que Juan, o cualquier otro, anunciase la llegada del Mesías no tiene nada de extraño, en aquel tiempo existían numerosos visionarios que alimentaban en el pueblo la esperanza en un mesías que les liberaría del yugo extranjero. Taciano, queriendo armonizar los cuatro Evangelios, pone en boca de Juan una anacrónica alabanza a «Jesucristo», nombre aún no utilizado por ningún evangelista, y añade que «Juan evangelizaba al pueblo», cuando los Evangelios no estaban escritos.

Las gentes le preguntaban qué debían hacer y Juan les exhortaba a que tuvieran caridad, que no fueran exigentes, que no calumniaran ni causaran extorsión a nadie y que ¡¡se contentaran con sus pagas!! (enseñanza que debía de agradar sobremanera a los patronos). Juan daba a sus discípulos una regla de vida fundada en el aislamiento, la pobreza extrema y el ayuno frecuente, lo que era muy distinto a lo que luego predicaría Jesús. Preguntaron a Juan si era un profeta o era el Mesías y él lo negó; le replicaron que cómo es que bautizaba y contestó que él lo hacía con agua, en señal de penitencia, pero que tras él «viene aquel de quien no es digno de desatarle el calzado, que les bautizará con el fuego del Espíritu Santo» (!). Y añadió: «Yo mismo no sabía quién es él», lo que es incomprensible.

El bautismo es un rito ancestral de numerosas culturas. Se puede efectuar con agua, tanto por aspersión como por inmersión; existen también bautismos por aire y por fuego. (Véase Misterios griegos en el Glosario.)

Se producen una serie de contradicciones e incoherencias que conviene resaltar. Jesús llega al Jordán, desde Galilea, para que Juan le bautice, pero Juan se resiste diciendo: «¿Cómo he de bautizarte yo, que debo ser bautizado por ti?», a lo que Jesús contesta: «Nos conviene cumplir con toda justicia» (es decir, cumplir con las profecías). De todas formas Juan le bautiza y Jesús, al salir del agua, oró, y se abrió el cielo, bajando el Espíritu Santo en forma de paloma (!), mientras se oía una voz que decía: «Tú eres mi hijo dilecto, en quien me complazco.» Ante esto Juan dice que, aunque no le conocía, no cabe duda de que era el Hijo de Dios. Cabe preguntarse si existió un testigo digno de crédito que viera la paloma y oyera la voz diciendo que era el hijo de Dios.

El relato del descenso del Espíritu Santo sobre Jesús es copia de un mito mesiánico en el que Horus era bautizado en el Nilo, la paloma era la diosa Hator, y el texto está sacado de Isaías, que dice: «Tú eres mi hijo, yo te engendré hoy», curiosa expresión que da a entender que desde el momento del bautismo Jesús es el Mesías, el enviado por Dios (como sostenían los ebonitas); este mismo texto se conserva en uno de los manuscritos del *Evangelio de Lucas*. En el *Evangelio de los Hebreos* la paloma entra en Jesús, como una fuerza distinta de él, investiéndole de un poder superior al del resto de los hombres, de acuerdo con una antigua tradición mantenida por los nazarenos. En la cristología gnóstica primitiva y en muchas religiones, el Espíritu es una hembra, una especie de madre divina, de forma equivalente a lo que fue Cibeles, la amante de Attis.

Los judíos iban en familia a las grandes fiestas y comían juntos, ¿cómo es posible que Jesús y Juan no se conocieran siendo primos?, ¿no contradice esto los relatos de sus nacimientos milagrosos, la visita de María a su prima Isabel y los saltos de gozo que da Juan en el vientre de su madre ante esa visita? Los textos dicen que Juan, cuando oye la voz del cielo, reconoce a Jesús. Ahora bien, si Juan anuncia la venida del Mesías y cree que es Jesús, ¿cómo es que sigue predicando y bautizando? Todo hace suponer que Juan siguió siendo el dirigente de su secta religiosa, e incluso, como sostiene la tradición, cedió alguno de sus discípulos a Jesús.

Según los Evangelios, después del bautismo, Jesús fue llevado por el Espíritu al desierto (no se especifica qué espíritu; por lo que sigue parece ser que fue el demonio y, como hemos dicho, «el desierto» era la comunidad de Qumrán), donde ayunó cuarenta días y cuarenta noches y lógicamente tuvo hambre. Entonces el diablo le dijo: «Si eres Hijo de Dios, haz que estas piedras se conviertan en pan.» Jesús le respondió: «Escrito está que no sólo de pan vive el hombre, mas de toda palabra que sale de la boca de Dios» (una vez más la referencia al Antiguo Testamento). Satanás le llevó a la cúpula del Templo de Jerusalén y le dijo: «Si eres Hijo de Dios, tírate abajo y él te enviara sus ángeles que te protegerán para que no toques piedra.» Jesús le replicó: «También está escrito que no tentarás al Señor, tu Dios.» Pero el demonio no se dio por vencido y le llevó a «un monte muy alto» desde donde le mostró «todos los reinos del mundo» y le dijo: «Todo esto te daré si, postrado, me adoras.» Entonces Jesús le gritó: «Vete, Satanás, a Dios adorarás y sólo a él servirás.» Añaden los evangelistas que el diablo «se fue de él por algún tiempo y los ángeles le sirvieron». Marcos se limita a decir que Jesús tuvo tentaciones. Mateo da por vencido definitivamente a Satanás. Lucas suprime que Jesús fuera servido por los ángeles. Juan no comenta las tentaciones; la idea de que Dios permitiera que su hijo fuese tentado por el demonio perjudicaba la imagen de divinidad que Juan quería establecer por encima de todo.

Todo este relato no resiste el menor análisis. Que Jesús fuera llevado al desierto por un espíritu tiene una marcada influencia hindú y constituye una verdadera tradición en todas las religiones; todos sus presuntos fundadores (Buda, Krishna, Mahoma, Quetzalcoatl, etcétera) y otros famosos (como Eva, Abraham, Job, etcétera) fueron tentados por el maligno y, naturalmente, todos le vencieron, o casi todos. Además hay que tener en cuenta que los judíos no conocieron ningún espíritu maléfico hasta su cautiverio en Babilonia, donde adquirieron la idea del Ahrimán de Zoroastro, el espíritu del mal. Era una idea ancestral, tomada de viejas leyendas, sobre una guerra divina entre dos ejércitos, capitaneados por Horus y Osiris, o Cronos y Ofión, o entre los Titanes y los Gigantes.

Según Flavio Josefo, el tejado del Templo estaba cubierto de agujas o punzones muy agudos para que las aves no pudieran posarse en él y ensuciarlo, por tanto a Jesús le hubiera sido imposible mantenerse en él. Lo de que desde un monte se puedan divisar todos los reinos de la Tierra es un disparate, ¿también se podían divisar las antípodas? Que Satanás no supiera que Jesús se suponía Hijo de Dios y osara tentarle es un despropósito sin el menor sentido, que contradice todas las creencias cristianas. Para los judíos «el desierto» era el lugar donde se refugiaban los espíritus inmundos. El número cuarenta era un número simbólico y sagrado, equivalente a los años del éxodo, y que posiblemente significaba «mucho tiempo». La primera tentación simboliza el hambre que pasó el pueblo de Israel en el desierto. Las conversaciones entre Jesús y Satanás están sacadas del Antiguo Testamento.

Lucifer significa «portador de luz» o «hacedor de luz», y es un antiguo dios solar; se le conoce como «estrella diurna» e «hijo de la mañana», la misma denominación que se aplica a Jesús. Según el antiguo mito es expulsado del cielo por los demás ángeles cuando cae la noche. Satán o Satanás significa «adversario», es la personificación del dios del mal persa, Ahrimán, hermano gemelo de Dios. La lucha entre ambos es reflejo de la del día contra la noche, la de la luz contra la oscuridad, la del verano contra el invierno. El término «diablo» procede del sánscrito *deva* y del persa *daeva*, la misma raíz que «divino». La palabra «demonio» procede del griego *daemon*, el espíritu. Se le representa con pezuñas, cuernos y rabo, imagen copiada de Pan, el caprichoso dios griego de la naturaleza.

Algunos investigadores creen que Jesús huyó al desierto para no verse comprometido en el asunto de Juan Bautista; que se jactó de haber ayunado cuarenta días para parecer más austero que Juan y que forjó la historia de las tentaciones para demostrar su fuerza espiritual y, con ello, llenar a sus seguidores de admiración.

Una de las primeras actuaciones de Jesús consistió en la elección de los discípulos más directos, todos ellos gente ignorante. En sus nombres y número los evangelistas no se ponen de acuerdo; está claro que el número de doce es para que se corresponda con las tribus de Israel y con los signos del Zodiaco. En cuanto a los nombres, todos coinciden en siete: Felipe de Betsaida, los hermanos Andrés y Simón/Pedro, discípulos de Juan el Bautista, Tomás, los hijos de Zebedeo, Jacobo y Juan, y Judas Iscariote. Juan no nombra a Mateo, a Bartolomé, a Jacobo de Alfeo, a Leví de Alfeo (al que tampoco nombra Taciano) y a Simón Zelote o cananeo, pero añade a Nataniel israelita (a quien no nombran los sinópticos), a Judas/Jacobo Tadeo (nombrado por Mateo y por Marcos como Tadeo, pero del que no vuelve a saberse nada) y a Nicodemo (el único que sólo es nombrado por Juan). Es decir, Juan sólo nombra a nueve apóstoles, mientras que los demás nombran a doce, trece y hasta catorce. Para Mateo y Taciano, Mateo era publicano, para Marcos, el publicano era Leví. Según algunos autores, Alfeo era cuñado de Jesús, estaba casado con su hermana María. Ammonio dice que fueron doce apóstoles, pero sólo nombra a tres: Simón, Andrés y Felipe. Que los apóstoles siguieran a Jesús sin más, sin conocerle, dejando su trabajo y a su familia, indica claramente que el relato es pura ficción, una leyenda más. El que fueran en su mayoría pescadores es una alegoría para indicar que serán «pescadores de hombres», y, además, en aquella época se entraba en Piscis.

Dice a los apóstoles que son la sal de la tierra y la luz del mundo y les da potestad para lanzar demonios, curar enfermos y resucitar muertos; porque «no necesitan médicos los sanos, sino los enfermos». Existen serias dudas de si esto fue así o es un añadido posterior para darse autoridad. Curiosamente les dice que no prediquen a los samaritanos (pero ¿no había que amar hasta a los enemigos?). También les dice que no reciban oro ni otro metal (a lo que evidentemente no han hecho el menor caso). Les aconseja que se vayan de donde no sean bien recibidos, y que sacudan el polvo de sus pies, porque serán castigados peor que los de Sodoma y Gomorra (no cabe mayor desprecio que sacudirse el polvo de los pies, ni mayor vileza que desearles un castigo ejemplar).

Siguiendo con los consejos, dice a los apóstoles que sean «prudentes como serpientes y sencillos como palomas». Cuando sean detenidos no deben temer lo que van a declarar, porque el Espíritu Santo les insinuará lo que deben decir. Que teman a los que «puedan perder las almas y los cuerpos en la Gehenna» (es decir, Jesús creía en la Gehenna). Deben perdonar hasta setenta veces siete (tampoco le han hecho mucho caso en esto). Un añadido posterior es el que pone en boca de Jesús: «Cuanto atéis en la tierra será atado en el cielo y cuanto desatéis en la tierra será desatado en el cielo»; esta frase ha servido para que la Iglesia haya hecho y siga haciendo lo que le ha parecido bien, para sus exclusivos intereses, y tratar de aplicarla al matrimonio diciendo que «lo que Dios ha unido que no lo deshaga el hombre», cuando el mismo Jesús admite el divorcio «por causa de fornicación». Está claro que muchas de las frases atribuidas a Jesús son falsas o están muy manipuladas, para adaptarlas a sus intereses. Los evangelistas ponen en boca de Jesús frases un tanto ambiguas con el fin de poder amoldarlas a las diferentes circunstancias.

Las predicaciones de Jesús, incluido el padrenuestro, son copia casi exacta de las tradiciones orales de las escuelas mistéricas de Egipto y Grecia y del Antiguo Testamento. Asimismo muchas de sus enseñanzas y de las parábolas se pueden encontrar en los Veda y en el *Bhagavad Gita* de la India, en el *Tao Te King* de China y en

Sócrates. El dios egipcio Horus pronunció también un «Sermón de la Montaña».

Según parece la primera predicación de Jesús fue el famoso Sermón de la Montaña, que comenzó con las bienaventuranzas, de las que curiosamente sólo dan noticia Mateo y Taciano. Entre las bienaventuranzas hay una sorprendente: la que dice que el reino de los cielos es de los que padecen persecución por causa de la justicia; al no especificar más se deduce que el reino de los cielos es para los malhechores y que Jesús no cree en la justicia y, como consecuencia, la Iglesia sólo cree en *su* justicia. Otra bienaventuranza exalta a los pobres de espíritu, a los hombres incultos, seguramente porque son mucho más fáciles de manejar y de engañar. Para compensar las bienaventuranzas maldice a los ricos (parece ser que la Iglesia no opina así), los hartos, los falsos profetas, los que escandalicen y, de nuevo una sorpresa, a los que ríen (no es de extrañar que en la Iglesia nadie ría ni posea el más mínimo sentido del humor). Condena Jesús el adulterio, la concupiscencia, el repudio, el perjurio, el juramento, y la Ley de Talión. Recrimina a los que piden pruebas diciendo: «Mala y adulterina es la generación que pide señal.»

Aunque Jesús condena la ira se muestra irascible en varias ocasiones. Maldice las ciudades de Chorazaím, Cafarnaún y Betsaida; desprecia y abomina de los fariseos, los doctores de la ley y los pecadores; echa a latigazos a los mercaderes del Templo, derrumbando violentamente sus mercancías; repudia a su madre y hermanos, y hasta seca una higuera porque no da higos. Demuestra con ello que no es capaz de persuadir y que mientras predica amor no lo ofrece ni perdona.

Con el fin de hacerse comprender recurre al uso de

las parábolas, de las que existen para todos los gustos, algunas de ellas impresentables, en especial la del dueño de la viña que contrata operarios a diferentes horas, pagando a todos lo mismo, y que ya he comentado en mi libro *Lo que oculta la Iglesia*. Insiste en el valor de la oración diciendo: «Pedid y recibiréis», «llamad y se os abrirá» porque «si tuvieseis fe, aunque no fuera mayor que un grano de mostaza, diríais a un monte: muévete y se movería» (!). Todo esto para decir a sus discípulos que no deben preocuparse por la comida o por el vestido porque Dios conoce sus necesidades y las proveerá, como hace con los pájaros y con las plantas. Por si fuera poco, en las Epístolas se dice: «Los que anuncian el Evangelio que vivan del Evangelio.» Me temo que esas doctrinas han dado pie a que los clérigos vivan, muy bien por cierto, a costa de los creyentes, y a que muchos vagos esperen a que Dios cubra sus necesidades, lo que ha ocasionado no poco retraso a lo largo de la historia.

Según Taciano la primera predicación la efectúa en una sinagoga, anunciando el inminente fin de los tiempos. Lo más probable es que casi siempre predicara en las sinagogas, no hay que olvidar que Jesús era judío y fiel observante de las leyes mosaicas. Deseando ampliar el ámbito de sus enseñanzas elige a 72 nuevos discípulos, para coincidir con Moisés, que eligió como asesores a 72 ancianos, a los que confiere potestad para «pisar serpientes y escorpiones» (!) y poder «sobre las fuerzas enemigas» (!).

En varios escritos apócrifos, y se deja entrever en los canónicos, María Magdalena o María de Magdala fue una mujer que conocía la doctrina secreta, una mujer muy importante en la vida de Jesús, tan importante como una esposa, una compañera inteligente y culta, con la que mantenía relaciones sexuales, como es lógico. En el *Evangelio de Felipe* se dice que tres mujeres iban siempre con Jesús: su madre María, la hermana de ésta, y María Magdalena, su compañera. Más adelante añade: «Y la compañera del Salvador era María Magdalena. El Salvador la amaba más que a sus discípulos, y la besaba frecuentemente en la boca. Los demás discípulos le dijeron: ¿Por qué la amas más que a nosotros? Y Jesús respondió: ¡Porque no os amo a vosotros como a ella!»

Tanto los apócrifos como los gnósticos destacan numerosas preguntas y dudas que María Magdalena plantea a Jesús. En el *Evangelio de Valentino* se recoge una curiosa conversación entre Jesús y Magdalena, en la que se hace ver que está instruida en la doctrina secreta, en «los misterios de las regiones superiores». En posteriores pasajes especifica que es María Magdalena la que interpreta las palabras de Jesús, da sentido exacto a sus revelaciones y consulta sus dudas. En el *Evangelio de María*, Pedro, celoso, arremete contra Magdalena, y Leví sale en su defensa diciendo: «Te veo ejercitándote contra una mujer como si fuera un adversario. Sin embargo, si el Salvador la hizo digna, ¿quién eres tú para rechazarla? El Salvador la conoce perfectamente, por eso la amó más que a nosotros.» Según la tradición María Magdalena, al morir Jesús, llegó a dominar a los apóstoles gracias a su superioridad intelectual.

Sin embargo, los canónicos presentan a María Magdalena como una prostituta arrepentida, pero reconocen que unge a Jesús, un acto que le convierte en Cristo y hace de ella una sacerdotisa. La figura de María Magdalena es un elemento típico del mito solar: la unión sagrada del rey con la sacerdotisa, prostituta sagrada, como ocurría en la leyenda de Ishtar. Las sacerdotisas anunciaban el fin de los ritos y la resurrección del dios-salvador; por eso en la Resurrección de Jesús sólo hay una figura importante: María Magdalena.

Existía una vieja tradición, que recoge Epifanio en su *Genna Marias* [Preguntas de María], según la cual Jesús cometió incesto con su madre, en presencia de María Magdalena. Esto no debe extrañar, pues el incesto era muy común en los mitos y leyendas de las religiones de la época. Como puede apreciar el lector, la falta de datos fidedignos desata la imaginación, que puede llegar a extremos insospechados. Algo puede haber de verdad en esa tradición, el sabio refranero español dice que «cuando el río suena, agua lleva». Y la Iglesia lo admite, pero en sentido espiritual.

Al ser apresado Juan, Jesús dejó Judea y se fue a Galilea, y vivió en Cafarnaún (para que se cumpla una profecía). Jesús dice de Juan que es el mayor entre los nacidos de mujer (¿hay otro procedimiento?), pero añade: «Mas el menor en el reino de los cielos es mayor que él», expresión que no parece muy cariñosa precisamente. Juan, desde la cárcel, al oír los milagros que está haciendo Jesús, envía a dos de sus discípulos para que le pregunten si es él el que ha de venir o es preciso esperar a otro. Sorprendente noticia: es decir, que Juan, que es primo de Jesús, le ha bautizado y ha oído una voz que decía que era «su hijo, en quien tenía todas sus complacencias», ahora resulta que no sabe quién es Jesús, ni siquiera sabe que es el esperado Mesías; o es absurdo o todo lo que han contado es una leyenda más. Curiosamente, durante la prisión de Juan, Jesús no pensó en liberarle, ni realizó milagro alguno en su favor y, una vez asesinado, no le menciona; quizá porque ya no le necesita o posiblemente para que no le haga sombra.

Herodes Antipas tenía por concubina a Herodías, que además era su cuñada, como ésta sabe que Juan condena estas relaciones le odia y quiere eliminarle. Para ello se vale de su hija Salomé, a la que hace bailar ante Herodes, y lo hace tan bien que Herodes, prendado de ella, le dice que le concede todo lo que pida. Aconsejada por su madre, Salomé pide la cabeza de Juan Bautista, que le es servida en una fuente. Al llegar a oídos de Jesús estos hechos, muy prudentemente, «embarcó en una lancha y se fue al desierto». Parece lógico que así lo hiciera.

En teoría, para la Iglesia los milagros sólo se producen si contradicen una explicación científica, pero en la práctica no lo pueden mantener, porque cada vez habría menos milagros. No cabe la menor duda de que los milagros y la investigación histórica se excluyen. Todos los evangelistas coinciden en que Jesús efectuó numerosos milagros, aunque en los detalles no hay forma de que se pongan de acuerdo.

Los milagros que se adjudican a Jesús son copia de los milagros atribuidos a dioses paganos e incluso a profetas del Antiguo Testamento. Los saturnianos, coetáneos de Jesús, realizaban prodigios muy semejantes. Lo que no se entiende es que para los cristianos los milagros realizados por Jesús fueron ciertos y realizados por un Dios, y sin embargo, esos mismos milagros efectuados por dioses o profetas paganos fueran fruto de charlatanes y falsarios. ¿No demuestran los milagros una manifiesta incapacidad de Dios para convencer, para que se crea en él? Por otra parte, existe una contradicción cuando Jesús predice que vendrán otros que realizarán prodigios semejantes, pues supone reconocer que sus milagros no proceden de una fuente divina, sino de la imaginación y del engaño.

Pero todo esto, con ser importante, no quita para señalar que si los milagros sólo se dan cuando alguien los pide, supone una parcialidad y una injusticia, ¿por qué se cura un ciego o un leproso y no todos los ciegos o todos los leprosos? Por otra parte, es sabido que toda enfermedad tiene un importante factor psicológico, y que modificando o eliminando éste es posible sanar al paciente, por tanto, cabe adjudicar los milagros al carisma, a la capacidad de sugestión del taumaturgo. Un verdadero milagro consistiría en que una persona que ha perdido un brazo o una pierna consiga tener un nuevo brazo o una nueva pierna.

Parece ser que el primer milagro fue la conversión del agua en vino, en las bodas de Caná de Galilea; sin duda esa boda fue la suya con María Magdalena, por lógica sólo el anfitrión puede saber que escasea el vino y preocuparse por ello; además a Jesús le llamaban rabí, para lo cual era imprescindible estar casado. La transformación del agua en vino forma parte del mito solar, se consideraba que el sol convertía el agua de lluvia en vino al madurar las uvas con su calor.

Otro milagro característico es el de dar de comer a una multitud con cinco o siete panes y dos peces, y que con el sobrante se llenen doce canastas. El número cinco es el de los planetas conocidos en la época; el siete representa esos mismos planetas más el Sol y la Luna; los dos peces hacen referencia al signo Piscis del Zodiaco, y el número doce representa el Zodiaco completo. Es decir, el Sol, Jesús, reparte los panes y los peces y crea las estrellas.

Jesús efectúa varias predicciones, algunas de ellas fallidas. En numerosas ocasiones predice el fin de los tiempos, asegurando: «No acabaréis de predicar en todas las ciudades de Israel, que no venga el Hijo del hombre», «algunos de los que están aquí no gustarán (!) de la muerte sin que hayan visto al Hijo del hombre venir en su reino». También predice varias veces su muerte y Resurrección: dijo que le convenía ir a Jerusalén para «padecer de los ancianos y de los príncipes de los sacerdotes y ser muerto y resucitar al tercer día», «el Hijo del hombre será entregado en manos de los hombres y será muerto y sepultado y resucitará al tercer día», «seré entregado, injuriado y escarnecido, seré azotado, moriré y seré enterrado, mas al tercer día resucitaré». Profetiza el fin de los tiempos y aún no se ha producido. Tampoco acierta en su Resurrección al tercer día, porque, según todos los Evangelios, resucita al día siguiente. Vaticina la destrucción de Jerusalén, pero resulta que los Evangelios fueron escritos después de este suceso, por tanto les fue muy fácil ponerlo en boca de Jesús como profecía y de esta forma se atina siempre.

La transfiguración es un claro rito mesiánico, de origen egipcio; todos los dioses paganos se transfiguraron y «su rostro brillaba como el sol». En el *Evangelio de los Hebreos,* el Espíritu Santo, madre de Jesús (también entre los siceasitas el Espíritu Santo era mujer), le toma por los cabellos y le lleva al monte Thabor, un rito semejante al de Moisés en el monte Sinaí. Después de la transfiguración dice a Pedro, Jacobo y Juan que no lo cuenten hasta que haya resucitado. Lucas lo estropea todo diciendo que los tres testigos «estaban cargados de sueño» y en sueños se puede «ver» cualquier cosa.

Conviene señalar las frases increíbles y, a veces, contradictorias que pronuncia Jesús a lo largo de sus predicaciones. Basa sus enseñanzas en el amor al prójimo, sin embargo dice: «No he venido a poner paz en la tierra, sino espada, dividiré a los hombres y a sus casas. He venido a hacer a los hombres enemigos de sus padres, y a las hijas enemigas de sus madres, y a las suegras de sus nueras y a los hombres de sus casas», y añade: «Por mi causa el hermano entregará al hermano a la muerte, y el padre al hijo, y los hijos se rebelarán contra los padres, y todos se odiarán, mas quien persevere hasta el fin, será salvado» (persevere hasta el fin ¿de qué, de los odios?). Más adelante dice: «Honra a tu padre y a tu madre, y muera quien los maldiga», pero añade: «Quien ama a sus padres más que a mí no es digno de mí. Quien venga a mí y no haya dejado a sus padres, a sus hijos y a sus hermanos no puede ser mi discípulo», «quien no odie a su padre y a su madre [los gnósticos añaden: "como yo"] no podrá ser mi discípulo». Y remata la faena diciendo: «Quien no está conmigo está contra mí», «quien no está con nosotros está contra nosotros», lo que le deja a uno perplejo, pues esas frases han dado motivo a no pocas guerras, torturas, persecuciones y muertes que han asolado a la humanidad. Eso no quita para que más adelante diga: «Misericordia quiero y no sacrificio», «amaos los unos a los otros, como yo os he amado» (poco caso ha hecho la Iglesia a esta enseñanza). No cabe duda de que «del corazón salen los malos pensamientos y las muertes», como dice el propio Jesús.

No parece muy caritativo y humano contestar a uno que le pide, antes de seguirle, enterrar a su padre: «Deja que los muertos entierren a sus muertos», frase que además es absurda. Jesús enseña que hay que vender cuanto se posea y dárselo a los pobres (un disparate económico), sin embargo uno le dice que le sigue si antes le permite renunciar a lo que hay en su casa y, sorprendentemente, le dice: «Ninguno que tome el arado y retroceda sirve para el reino de Dios.» Resulta realmente asombroso que de boca de Jesús haya podido salir la siguiente frase: «Hay eunucos que nacieron así del vientre de su madre y eunucos que son hechos por los hombres, y hay quienes a sí mismos se castraron por el reino de los cielos; quien sea capaz de serlo así, séalo»; éste sí que es un consejo totalmente «contra natura», que algunos, como Orígenes, siguieron; aunque me parece tan aberrante que considero que debe de ser un añadido.

Es también extraño que Jesús creyera en las aguas milagrosas de Bethseda, que viera a Satán «como un rayo cayendo del cielo», que, cuando un enfermo le toca y se cura, diga: «He sentido salir fuerza de mí.» Se muestra extraordinariamente sagaz cuando, con la moneda en la mano, dice: «Pues dad al César lo que es del César y a Dios lo que es de Dios», pues es una frase que no le compromete nada. Jesús afirma que no ha venido a cambiar la ley mosaica sino a cumplirla, es decir, confirma que las llamadas Escrituras Sagradas estaban inspiradas por Dios, el Dios de Moisés, el verdadero Dios. Pero se han descubierto en esas escrituras flagrantes mentiras, lo que deja en muy mal lugar al Dios que las reveló.

En los canónicos se relata, de forma un tanto descafeinada, el conflicto entre Jesús y sus padres y hermanos, a los que rechaza sin contemplaciones y brutalmente; el comportamiento de Jesús con ellos deja mucho que desear, incluso indica una gran dureza de corazón por su parte. Cuando se pierde y es encontrado en el Templo viene a decir a sus padres que no saben con quién están hablando. En las bodas de Caná, cuando María observa que falta vino y se lo dice a Jesús, éste contesta: «Mujer, ¿qué hay de común entre tú y yo?» (Juan 2,4) o bien: «¿A qué vienes, mujer?, aún no ha llegado mi hora.»

Anuncian a Jesús que su madre y sus hermanos están fuera y le quieren hablar, y dice: «¿Quiénes son mi madre y mis hermanos?», y señalando a los discípulos, añade: «Éstos son mi madre y mis hermanos.» Sin embargo, los judíos dicen, refiriéndose a Jesús: «¿No es María su madre?, ¿no son sus hermanos Jacobo, José, Simón y Judas?», e insisten: «¿No es éste el hijo de José y de María, a quienes conocemos?» Cuando está en la cruz a punto de expirar, según Juan, presencian la escena María, madre de Jesús, y Juan, «el discípulo preferido», Jesús les dice: «Mujer, he ahí a tu hijo; hijo, he ahí a tu madre.» Por último, todos los Evangelios y escritos varios, canónicos, apócrifos y gnósticos, coinciden en que Jesús resucitado no se apareció jamás ante su madre, lo que hubiera sido normal en un hijo. Nunca la llama madre, y estos episodios tuvieron que suponer para María una profunda amargura.

Todo esto viene a confirmar lo que presumen los investigadores: que Jesús fue el fruto de un «matrimonio sagrado» de María con el sumo pontífice. Jesús, al saberlo, rechaza a sus padres y a sus hermanos, se siente diferente y un tanto acomplejado por ser bastardo, lo que le lleva a sublimar la idea del padre, ¿y qué mejor padre puede tener sino Dios?

Con respecto a su pretendida divinidad, cabe señalar sus propias frases: «Nadie sabe quién es el Hijo, más que el Padre; ni quién es el Padre, más que el Hijo» (!), «nada puede hacer el Hijo, sino lo que viere hacer al Padre» (!), «no es mía mi doctrina, sino de quien me ha enviado», «no he de acusaros ante el Padre, porque os acusará Moisés» (!), «¿por qué me llamáis bueno? Nadie es bueno sino Dios». No parecen frases de un Dios. Y para rematar expresa algo que echa por tierra todo lo que aseguran las Escrituras; hablando del Padre dice: «Nunca le oísteis la voz, ni le habéis visto»; es decir, todas esas apariciones y «voces de lo alto» son mentira. En el encuentro de Jesús con una samaritana es la única vez que se le oye afirmar que él es el Mesías, claro que según la versión de la samaritana, pues estaban solos.

Parece que tenía un vasto conocimiento de las Escrituras y que se consideraba un profeta. Asegura que «nadie es profeta en su tierra, ni en su casa», y, siguiendo a los profetas, que «no es posible que un profeta muera fuera de Jerusalén». Jesús nunca dice que fuera Dios, ni siquiera dice que fuese el Mesías, salvo el evidente añadido de la samaritana. Su nacimiento, sus actos y su doctrina no son los propios de un Dios, a pesar del esfuerzo de los evangelistas, sino de un hombre, un hombre carismático e inteligente, pero hombre al fin y al cabo.

No es de extrañar que cuando dijo «quien coma mi carne y beba mi sangre permanece en mí y yo en él», muchos de sus discípulos se retiraran asustados. Por cierto que esa frase es copia exacta de una de Osiris.

Los canónicos y algunos apócrifos coinciden en que Jesús entró triunfante en Jerusalén montado en un asno, animal totémico, proclamándose el Mesías davídico, el rey-libertador del yugo extranjero. Este episodio está sacado del capítulo 9 de Zacarías. Set monta en un asno para entrar triunfante en la ciudad. En Daniel (7,15) se dice que el Mesías vendrá del cielo sobre una nube, pero Zacarías en vez de una nube puso un asno, como el que utilizó Abraham en el sacrificio de su hijo Isaac y como en el que Moisés puso a su mujer y a sus hijos. Los Padres de la Iglesia, poco aficionados a la fidelidad histórica, salen del paso con astucia, explican que el Mesías, en su vida terrestre, llega en un asno, pero al fin de los tiempos llegará en una nube. Así todos contentos.

Jesús va al Templo y echa a latigazos a los vendedores de ovejas, bueyes y palomas, derribando las mesas de los cambistas (para que se cumpla otra profecía). Fue un acto significativo y hostil contra una costumbre tradicional ligada al culto judío; además dice muy poco en favor de un líder espiritual que predica amor y perdón el que se deje llevar por un violento arrebato de ira. Por si fuera poco les dice: «Derribad este Templo y en tres días lo reedificaré.»

No se entiende que sucesos tan importantes como el nacimiento de Jesús, la elección de setenta y dos discípulos, los viajes a Jerusalén, la transfiguración, la Ascensión, etcétera, no se recojan en todos los Evangelios. Los únicos evangelistas que recogen la resurrección de Lázaro, un mito egipcio, son Juan y Taciano. Esta resurrección tiene un marcado simbolismo gnóstico que pretende demostrar la naturaleza divina de un Cristo ideal, pero que no enseña nada sobre el Jesús histórico. Por otra parte, si Lázaro hubiera resucitado realmente, habría sido el personaje más importante de la historia; así como los resucitados que comentan los sinópticos: el hijo de una viuda y la hija de «un principal». Sin duda no fueron hechos reales, sino alegorías con una intención trascendente, unos pasajes claramente simbólicos, que señalan el paso de un nivel de identidad a otro superior, lo que se consideraba una verdadera «resurrección». (Véase Glosario al final de la obra.)

La mujer que unge a Jesús es una leyenda alegórica recogida con variantes, incluso el nombre de la protagonista. Mateo dice que en Bethania, en casa de Simón *el Leproso*, estando sentado Jesús a la mesa, una mujer, que no nombra, derramó sobre su cabeza un ungüento muy caro. Marcos y Ammonio añaden que la mujer quebró el vaso antes de ungirle. Lucas pone la escena al comienzo de la vida pública de Jesús, califica a la mujer de pecadora y dice que secó los pies ungidos (no la cabeza) con sus cabellos; al dueño de la casa le llama el Fariseo, en vez de el Leproso. Más tarde Lucas y también Juan dicen que Jesús va a Bethania «seis días antes de la Pascua», a casa de Lázaro, hermano de Marta y de María Magdalena, según parece, su cuñado. Allí María Magdalena le unge la cabeza y los pies. Mateo y Juan dicen que los discípulos protestaron por el dispendio, los demás dicen que protestaron todos los que estaban presentes. La Iglesia aprovecha para ensañarse con María haciendo ver que era la pecadora, una prostituta, a la que Jesús perdona «porque amó mucho». Según algunos investigadores, Marta y María son dos figuras alegóricas que representan a la mujer laboriosa y a la contemplativa.

Vuelve a Jerusalén y exclama: «¡Jerusalén, Jerusalén, que matas a los profetas y apedreas a los enviados!» En el monte de los Olivos pronuncia sus últimas enseñanzas, y termina por decir a sus discípulos que dentro de dos días será la Pascua y que será entregado para que le crucifiquen.

Los discípulos preparan la cena de celebración de la Pascua; durante ésta, Jesús acusa a Judas Iscariote. Es increíble que, habiéndole señalado claramente, ninguno de los apóstoles se enfrente al traidor, especialmente si consideramos que entre ellos había por lo menos un intransigente y violento zelote. Según varios investigadores, en la «última cena» estuvo presente una mujer: María Magdalena; personaje que aparece en varias pinturas en cariñosa actitud con Jesús, siguiendo una tradición muy arraigada entre los primeros cristianos.

Taciano y Juan dicen que terminada la cena, Jesús lava los pies a los discípulos, aunque no queda muy claro si es en la última cena o en otra anterior. Una vez hecho esto Jesús toma el pan, lo bendice y lo da a sus discípulos, diciendo: «Tomad y comed todos de él, porque éste es mi cuerpo.» Y tomando el cáliz, dice: «Tomad y bebed, porque ésta es mi sangre del Nuevo Testamento, que será derramada por muchos para remisión de los pecados.» Cabría discutir si ésa fue la institución del sacramento de la eucaristía o fue simplemente un acto simbólico, sobre todo teniendo en cuenta que Jesús concluye diciendo: «Haced esto en conmemoración mía»; pero ésa no es la intención de este libro. Curiosamente, esta escena no es recogida por todos los evangelistas. Por otra parte, los primitivos cristianos celebraban comidas comunitarias en conmemoración de la última cena, muy lejos de lo que más tarde se instituyó como eucaristía, en la que se asegura que el cuerpo de Cristo está realmente presente en la hostia.

La eucaristía, ingerir el cuerpo y la sangre de un dios, era un ritual sagrado en las religiones mistéricas, incluso en México. Las palabras de Jesús son exactas a las de Osiris y a las de los misterios de Eleusis en honor de Ceres y de Dionisos. Los paganos comían y bebían realmente el cuerpo y la sangre de un dios, representado por un hombre o un animal sacrificado, porque creían que el consumo de la carne proporcionaba las virtudes de la víctima. En Roma llamaban cereal a Ceres y vino a Baco.

Jesús continúa dando las últimas enseñanzas a sus discípulos. Al final les dice: «Ahora, el que tenga bolsa llévela. Y el que no tenga espada venda el manto y cómprela.» Y ellos dijeron: «Señor, he aquí dos espadas.» A lo que contestó Jesús: «Bastan, vamos de aquí.» Esta conversación hace sospechar que tenían intención de defenderse.

Van todos al huerto de Getsemaní, donde Jesús pide a los discípulos que oren. Se aparta con Pedro y los hijos de Zebedeo y empieza a sentir tristeza y angustia, pidiéndoles que velen con él. Se aleja un poco de ellos y se pone a orar (si Jesús era Dios, como se pretende, ¿a quién ora?, ¿a Dios, que es él mismo?). Dicen los evangelistas que llega a sudar sangre angustiado por lo que le esperaba y pide al Padre: «Aparta de mí este cáliz.» Esto se contradice con lo que anteriormente se nos ha explicado. Si Jesús acepta, voluntariamente y por obedecer a su Padre, los tormentos y la muerte, ¿por qué se queja luego?, ¿por qué pide al Padre que le libere de la pasión y muerte que le esperan?

Vuelve a donde están los discípulos y les encuentra dormidos, lo que indica muy poco entusiasmo en sus discípulos predilectos, aunque el acto sea simbólico representado por el número sagrado tres. Tres veces Jesús les encuentra dormidos, tres veces le niega luego Pedro, y más tarde, tres veces se pone en duda que haya resucitado.

Es preciso considerar que no hay hombre ni dios ni demonio con sentido común que sabiendo previamente los suplicios y la terrible muerte que le esperan no los evite por todos los medios a su alcance. Y si él, por la causa que fuere, no quiere hacerlo, sí que deben y pueden sus discípulos y seguidores.

Pasión y muerte de Jesús

La Pasión es una reelaboración del sacrificio, ancestral y muy común en todo el Mediterráneo, del rey sagrado. Se trata de un ritual de chivo expiatorio en el que los pecados de la comunidad recaen sobre la cabeza de una persona o un animal, generalmente un prisionero de guerra o un cordero, al que antes del sacrificio se le daba vinagre con hiel o vino con especias como estupefaciente. Este drama también se utilizaba como rito de fertilidad. El título de «Cordero de Dios» se ha unido al de Cristo porque según un rito ancestral se sacrificaba un cordero expiatorio.

La Pasión que relatan los Evangelios es un auténtico drama, con su tiempo, dirección de escena y frases rituales. Es equivalente a las fiestas de Cronos en Grecia, las sáceas en Babilonia, las saturnales romanas, y las pasiones de una larga serie de dioses salvadores que murieron ejecutados en expiación de los pecados del pueblo.

Si pretendemos reconstruir históricamente la Pasión y muerte de Jesús, nos encontramos con que es muy difícil separar la auténtica biografía de la teología interesada. Dice Crossan que en las investigaciones sobre el Jesús histórico se hace teología llamándolo historia. Manuel Fraijó, teólogo cristiano, añade: «La ejecución del carpintero de Nazaret fue el menos importante de todos los acontecimientos de la historia romana de aquellos decenios para todos los que oficialmente tomaron parte en ellos.» Y así debió de ser, pues ningún historiador independiente de la época, ni posterior, narra la pasión y muerte de Jesús.

Queda fuera de toda duda que Jesús, con su entrada triunfal en Jerusalén, en la que se proclama rey, y la provocación en el Templo, donde arroja al suelo las mesas de los cambistas y echa a latigazos a los vendedores, firmó su sentencia de muerte. Su provocadora actitud tuvo que causar una profunda conmoción entre las autoridades y el pueblo judío y entre las autoridades romanas. El Templo era el principal lugar sagrado de los judíos; además, era una importante fuente de ingresos, tanto por la atracción turística como porque en él se realizaba toda una serie de transacciones comerciales, desde efectuar cambios de moneda y pagar el impuesto del Templo a comprar los animales necesarios para los sacrificios. Con esa actitud, Jesús atacó la tradición, la economía y a la jerarquía religiosa judía, personificada en los sumos sacerdotes, y, al proclamarse rey, a la autoridad política representada por el gobernador de Judea, Poncio Pilatos.

Hemos dejado a Jesús y a sus discípulos en el huerto de Getsemaní, allí les da sus últimas instrucciones, y cuando aún les está hablando aparece el traidor Judas «con mucha gente armada» y le besa, con el fin de que lo reconozcan. Todo esto da lugar a muchos interrogantes. En primer lugar, después de la que había armado Jesús en Jerusalén, todos debían de conocerle, pues era una ciudad pequeña; resulta absurdo que Judas tenga que besarle para que sepan quién es. Que los romanos pensaran en un posible levantamiento popular al producirse la detención de Jesús justifica el que acudieran con mucha gente armada —según algunos, nada menos que una cohorte—; o tal vez previeran una feroz resistencia de los discípulos, cosa muy probable dada la conversación que hemos visto sobre las espadas, pero al ver a tanta gente los discípulos no le defendieron. Salvo el incidente de Simón Pedro en el que hiere a un sirviente del pontífice (hecho que no todos recogen) y la curación que efectúa Jesús, todos los evangelistas coinciden en que los discípulos huyeron. Mateo y Marcos coinciden en que sólo siguió a Jesús, aunque de lejos, Pedro.

Es decir, que unos discípulos que convivieron con Jesús, que oyeron sus enseñanzas, que vieron sus prodigios y que le tenían por maestro, cuando es apresado huyen, no quieren morir con él ni por él. Además, uno de ellos, Judas, le traiciona, y otro, Pedro, tres veces dice que ni le conoce. Todo esto da la imagen de un hombre que no consiguió convencer plenamente a sus discípulos más directos, que no supo hacerse obedecer; ni siquiera sus propios hermanos creían en él, como aseguran los evangelistas. Esta situación contrasta con lo que se relata años más tarde. Esos mismos discípulos se prestan a sufrir torturas y a morir por Jesús, y aún resulta más sorprendente que haya habido personas que no le conocieron, que sólo han oído o leído relatos parciales sobre su vida, que han soportado martirios y muerte por su nombre. Es indudable que el fanatismo religioso puede llevar a extremos insospechados.

Nos han vendido la idea de que sólo los mártires cristianos sufrieron y murieron contentos, pero muchos otros, que ni fueron mártires ni cristianos, supieron soportar muy dignamente los suplicios. Tenemos, por ejemplo, el caso de Anaxarco, quien, mientras era cruelmente torturado, dijo a sus verdugos: «Atormentad el físico de Anaxarco, porque a él mismo no le tocaréis.» Epícteto, mientras le retorcían una pierna, dijo sonriente: «Vais a partirla», y como así fue añadió: «Ya os dije que ibais a partirla.» Son sólo unos casos entre otros muchos, y cabe preguntarse si debemos considerar santos mártires a Epícteto, o a Anaxarco.

Sigamos con el relato; se produce una escena muy curiosa, según algunos, un adolescente «que iba cubierto de una sábana» seguía a Jesús, como ve que quieren prenderle, dejó la sábana y huyó, se supone que desnudo, ¿qué se pretende con este pormenor?

Como siempre, los evangelistas no se ponen de acuerdo, unos dicen que se reunió el sanedrín para interrogar y acusar a Jesús, mientras que otros no lo mencionan, se limitan a enviarlo de Anás a Caifás, quienes lo interrogan y presentan testigos falsos de cargo, pero ninguno a su favor. A la pregunta de si es el Cristo, el Hijo de Dios, responde: «Tú lo has dicho», por lo que consideran que ha blasfemado y merece la muerte. Ellos mismos reconocen que no tienen potestad para ajusticiar a nadie; es un hecho probado que los judíos de aquella época no tenían jurisdicción alguna, por tanto, estaban absolutamente incapacitados para pronunciar sentencias y menos aún sentencias de muerte.

Según Mateo, mientras tanto, Judas se arrepiente y devuelve los treinta dineros con los que le habían comprado, pero los príncipes de los sacerdotes no quieren cogérselos, entonces los arroja al suelo «y fue y se ahorcó» (tampoco en esto existe unanimidad). Los príncipes no creen que sea lícito considerar las monedas como ofrenda, por ser «precio de sangre», y deciden comprar un terreno para que sirva de sepultura de los forasteros (así se cumple una profecía de Jeremías). Estos hechos contrastan claramente con las *Epístolas de Pablo* y con el *Acta Apostolorum*, donde no se relata la traición de Judas y en todo momento se habla de los *doce*. Existen, por tanto, serias dudas sobre la traición de Judas.

En abril de 2006, la National Geographic Society presentó a la prensa mundial el resultado de la lectura de unos documentos, encontrados en Egipto en los años setenta del siglo pasado. Están redactados en copto, por lo que se presume que datan del siglo IV y que son traducción del original griego, escrito entre los años 220 y 340. Son conocidos como *Evangelio de Judas*.

La pseudoepigrafía, o falsa atribución de un texto a un personaje destacado, se utilizaba con frecuencia en aquella época para dar mayor autoridad a los escritos.

En estos documentos se hace una revelación sensacional: Judas Iscariote pasa de ser el denostado apóstol traidor a ser el discípulo predilecto de Jesús y el elegido para una misión salvadora. En los pergaminos, Jesús manifiesta a Judas: «Serás el mejor de todos, porque sacrificarás el cuerpo de hombre en que estoy encarnado», «Serás maldecido durante generaciones», «Sepárate de los otros y te mostraré los misterios del reino».

Estas frases indican que estos manuscritos fueron redactados por la secta de los gnósticos. Para éstos, Jesús sólo podía mostrarse como un ser divino al liberarse del cuerpo humano, lo que efectúa con la colaboración de Judas. La figura de éste, siempre tan injuriada, queda así rehabilitada; ahora es el discípulo predilecto, que colabora en un cometido redentor y es el único conocedor de la doctrina secreta.

¿Qué se deriva de este hallazgo? Yo creo que nada trascendental; servirá para conocer mejor la época y a los gnósticos, pero apenas influirá en las creencias. De todas formas, es interesante esa nueva versión de los hechos, pues demuestra, una vez más, la enorme disparidad de opiniones que había hasta que la Iglesia impuso su rígido criterio.

En cualquier caso, hay dudas, más que razonables, sobre la existencia de Judas. El nombre del personaje es epónimo de la tribu de Judá; como es sabido, los hijos de Jacob dieron nombre a las doce tribus de Israel, y precisamente fue Judá el que propuso vender como esclavo a su hermano José. La supuesta traición de Judas Iscariote es equivalente a la de Judá, ambos actúan por dinero.

Basándose en estos datos, muchos investigadores creen que todo lo relacionado con Judas Iscariote fue una invención de los evangelistas para dar mayor dramatismo a la Pasión.

Según los distintos textos, varios judíos famosos acusan a Jesús, ante Pilatos, de pretender ser hijo de Dios, de ser rey de los judíos y de profanar el sábado, la ley y el sagrado Templo. Pilatos manda llamar a Jesús, y cuando entra, las banderas que había en el pretorio se inclinan a su paso. Los judíos creen que han sido los abanderados, por lo que los cambian por otros judíos fornidos, pero ocurre lo mismo. Ante esto Pilatos queda sobrecogido, y encima, su mujer, Claudia Prócula, le manda recado de que «no haga nada contra ese justo». Pilatos pide a Jesús que conteste a las acusaciones y Jesús se limita a decir que hablan porque tienen la facultad de hablar. Los judíos le replican: «Decimos que has nacido de la fornicación, que naciste en Belén y por tu culpa fueron degollados los niños de tu edad y que tus padres huyeron a Egipto por miedo al pueblo» (a causa del adulterio). Pero otros judíos sostienen que no hubo fornicación porque María estaba casada con José y que ¡ellos habían asistido a la boda! (evidente añadido de Nicodemo).

Según los evangelistas, Pilatos dice que, conforme a la ley romana, no ve nada reprensible en Jesús, por tanto debe ser juzgado por la ley judía. De todas formas pregunta a Jesús si es el rey de los judíos, a lo que Jesús responde: «¿Dices esto por ti mismo o te lo han dicho otros de mí?» Pilatos insiste: «¿Luego rey eres tú?», y Jesús responde: «Tú dices que soy rey. Yo para eso soy nacido, para dar testimonio de la verdad.» Pilatos contesta: «¿Qué es la verdad?», frase que queda sin contestación en los canónicos, pero que sí la tiene en el *Evangelio de Nicodemo:* Jesús responde: «La verdad viene del cielo.» Pilatos pregunta de nuevo: «¿No hay entonces verdad sobre la tierra?», y Jesús responde: «Mira cómo los que manifiestan la verdad sobre la tierra son juzgados por los que tienen poder sobre la tierra.» (Ambigua y sagaz respuesta.)

Pilatos, al comprobar que Jesús era de Galilea, lo envía a Herodes Antipas, por ser de su jurisdicción. Herodes se alegra de conocerle, pues ha oído hablar mucho de él, y le hace numerosas preguntas, pero Jesús no responde, por lo que decide enviarle de nuevo a Pilatos. Es inconcebible e indica un desconocimiento total de las leyes y costumbres romanas que Pilatos se prestara a aprobar o reprobar una sentencia del sanedrín o de Herodes Antipas.

Pilatos dice que no ve ninguna culpa en Jesús, pero los judíos gritan: «¡Caiga su sangre sobre nosotros y sobre nuestros hijos!» Ante tanta insistencia, Pilatos consulta a Jesús qué debe hacer, y éste le contesta que haga lo que considere que es su deber, pero que los profetas han predicho su Pasión, muerte y Resurrección. Al oír esto, los judíos piden su condena a muerte en la cruz por blasfemo. Intervienen, entonces, a favor de Jesús un tal Nicodemo (¿el mismo del Evangelio?), varios a los que Jesús ha sanado y, entre ellos, una mujer llamada Verónica. Pilatos decide reunir al pueblo, les dice que, con motivo de la fiesta de los Ázimos, es costumbre soltar a un preso, y les da a elegir entre Jesús y Barrabás (según unos un asesino, según otros un malhechor y según algunos un ladrón). El pueblo elige a Barrabás y pide que Jesús sea crucificado. Pilatos se lavó entonces las manos diciendo: «Soy inocente de la sangre de este justo», le mandó azotar y se lo entregó a los judíos.

Conviene aquí aclarar una serie de cuestiones. En primer lugar Barrabás o Karabás no es un nombre, es una deformación lingüística de Bar-Abbá, que significa «hijo de Dios» o «hijo del Padre». En Babilonia y en Persia se celebraba la sácea, una especie de carnaval durante el cual se sacaba de prisión a un sentenciado a muerte, o a un loco, al que llamaban Barrabás, se le vestía de rey, con un cetro de madera, corona de hojalata y un manto rojo, mientras todos se burlaban de él; al final de la fiesta se le desnudaba, se le azotaba y por último se le soltaba, se le ahorcaba o crucificaba, según el delito que hubiera cometido. Curiosamente, todo lo que hicieron con Jesús; de forma que los Evangelios convierten en un mito lo que no era más que un rito ancestral.

Los investigadores sostienen dos teorías. Según la

primera, fueron acusados ante Pilatos los dos hermanos: Jesús y Santiago, cuyos nombres significan lo mismo, «salvador»; el primero por ser el Mesías davídico, o sea, el futuro «rey de los judíos», y el segundo por ser el Mesías religioso. Jesús resulta ser el condenado porque no se admitía más rey que el César. La segunda hipótesis sostiene que Jesús y Barrabás eran la misma persona, que los evangelistas desdoblan para dar más dramatismo al relato. La costumbre de soltar a un preso durante la Pascua no era una costumbre judía, ningún historiador de la época la menciona.

Por último hay que señalar que los evangelistas ofrecen una imagen de Pilatos un tanto novelesca, inseguro en la toma de decisiones y muy alejado del verdadero Pilatos que Flavio Josefo y Filón de Alejandría nos han dado a conocer con precisión y rigor histórico. Poncio Pilatos era la autoridad judicial máxima, gozaba de un poder ilimitado y, por tanto, podía aplicar la pena de muerte; fue un gobernador duro, violento, cruel, arbitrario y represivo. Sin duda fue el responsable de la condena a muerte de Jesús, fundada en motivos políticos, por revolucionario, sedicioso contra el Imperio romano y por poner en peligro el orden público (¡cuántas sentencias injustas se han producido al amparo de esta acusación!). Muy posiblemente se apoyaría también en las quejas de los judíos contra un hombre que había profanado su Templo y, con la condena, trataría de calmar la tensión que existía en Jerusalén durante aquella Pascua. Los cristianos han tratado injustamente de culpar a los judíos, con el fin de no enfrentarse a la poderosa Roma, llegando al extremo de ofrecer una imagen de Pilatos tan distorsionada que aparece como un verdadero cristiano que ha estado a punto de subir a los altares, incluso algunas sectas le tienen por santo.

Pero sigamos con los relatos; algunos evangelistas señalan que ninguna de las autoridades judías se lava las manos, y es que todos coinciden en hacer recaer sobre los judíos la muerte de Jesús, quitando toda responsabilidad a Pilatos y a los romanos (poderosos dominadores con los que es mejor llevarse bien). Según el *Evangelio de Pedro*, Herodes Antipas es el que ordena a los judíos que Jesús sea apresado; también Lucas hace intervenir a Herodes, tetrarca de Galilea. Nicodemo insiste en liberar de toda culpa a Pilatos, le presenta casi cristiano, y sostiene que informó al emperador Tiberio sobre la injusta sentencia dictada contra una persona que era «inocente y divina»; Tiberio quedó tan impresionado por el informe que propuso que Cristo fuese admitido entre los dioses, pero la idea fue rechazada por el Senado. Esta absurda tesis de Nicodemo fue la que en gran parte dio pie a que se pretendiera santificar a Pilatos.

En Marcos y Mateo la flagelación es una preparación a la crucifixión, en Lucas es una sustitución y en Juan es un medio para despertar la compasión. Luego le ponen una caña en las manos, le coronan de espinas y le ponen un manto, como burla por su reinado, en realidad para que, una vez más, se cumpla una serie de profecías. Curiosamente Pedro y Juan silencian los insultos de los judíos.

Los sinópticos dicen que la tropa que conducía a Jesús encontró en el camino a Simón, natural de Cirene, que se dirigía a la fiesta en Jerusalén. Lucas dice que volvía del campo, y Marcos, que era padre de Alejandro y de Rufo (discípulos de los apóstoles), pero Juan y Pedro aseguran que Jesús llevó todo el tiempo su propia cruz. Con el fin de conciliar las diferentes versiones, se ha dicho que Jesús llevó la cruz al principio, pero que cuando le vieron cansado solicitaron la ayuda del Cireneo.

En el camino se encuentra a un grupo de mujeres que se lamentaban y lloraban, y volviéndose, Jesús dijo: «Hijas de Jerusalén, no lloréis por mí, sino por vosotras mismas y por vuestros hijos. Porque llegará el día en que dirán: Dichosas las estériles y los vientres que no concibieron y los pechos que no lactaron. Y entonces dirán a los montes y a los collados: Caed sobre nosotros y cubridnos, porque si esto hacen con el árbol verde, ¿qué no harán con el seco?» No parece lógico que un hombre que va a la muerte después de haber sido azotado y maltratado sea capaz de soltar semejante parrafada. Además, esas palabras son copia exacta de pasajes de Oseas (10,8), Isaías (3,16 y 54,1) y Ezequiel (20,47).

Llegan al Gólgota (que significa «lugar de la calavera», quizá porque era un montículo que tenía esa forma y no, como dicen algunos, por estar enterrado allí Adán), donde desnudan a Jesús. Los soldados romanos tenían la costumbre de repartirse los objetos y las vestimentas de los condenados; por eso se reparten las de Jesús, salvo la túnica, que, por ser de una sola pieza, deciden echarla a suertes; y, de paso, se cumplen las profecías. Sin duda, la túnica que se conserva en la catedral de Tréveris es falsa, ya que no es posible que se conserve la auténtica.

Se nos ha ofrecido siempre la imagen de que clavaron sus manos y sus pies, lo que habría sido imposible, pues no aguantarían el peso del cuerpo y, por otro lado, sólo Juan y Pedro lo mencionan; esa figura se ha ofrecido para que se cumpla una determinada profecía. En la preceptiva tablilla, en la que se expone el motivo de la condena, ponen INRI, iniciales latinas de Jesús Nazareno Rey de los Judíos. Según Pedro, el letrero era una mofa, Juan dice que lo mandó poner el gobernador romano y los sinópticos no dicen quién lo escribió. Es indudable que el letrero refleja el motivo por el que fue ajusticiado: por proclamarse rey, cuando sólo se admitía como rey al César. Jesús pronuncia una frase mesiánica y profética: «Padre, déjalos libres de castigo porque no saben lo que hacen.» Primera de sus frases rituales.

Tanto Pedro como Pablo sostuvieron más tarde que Jesús no fue crucificado, sino colgado de un madero. Esto lo defendían para que los romanos no consideraran a Jesús como un malhechor al morir en una cruz. La cruz es un símbolo muy antiguo, era el emblema celestial del Sol y la representación del falo; los primeros cristianos la rechazaban por ser una figura pagana y porque suponía la ejecución de Jesús como un criminal.

En el *Evangelio de Pedro* se dice que «Jesús callaba como aquel que no siente sufrimiento alguno», lo que indica una clara influencia docetista. Se burlan de él diciendo que si es hijo de Dios que se salve a sí mismo. Jesús dice que tiene sed y le ofrecen vinagre con hiel, Marcos dice que vino con mirra; seguramente sería vinagre con agua, brebaje llamado *posca*, que los romanos llevaban siempre en sus expediciones. Dimas y Gestas, los dos ladrones (según unos) o malhechores (según otros) o asesinos (según los terceros) crucificados a su lado, le insultan (según Mateo y Marcos), salvo Dimas (según Lucas), que reconoce su culpa y le pide que se acuerde de él cuando esté en su reino, y Jesús le contesta: «Hoy estarás conmigo en el Paraíso.»

Mateo dice que al pie de la cruz estaban María Magdalena, María de Jacobo y Salomé. Según Marcos, estaban María Magdalena, María de Santiago y la madre de los Zebedeos. Lucas dice que «todos sus conocidos estaban lejos». Juan sostiene que junto a la cruz estaban su madre, un discípulo «al que quería mucho», su tía (hermana de su madre), María de Cleofás (hermana de Jesús casada con Cleofás) y María Magdalena, y añade que, al dirigirse a su madre y a Juan, el discípulo preferido, dijo: «Mujer, he ahí a tu hijo. Hijo, he ahí a tu madre.» Para Taciano y otros, «algunas mujeres miraban de lejos» y nombra a María Magdalena, a María de Jacobo y a Salomé. Como siempre, confusión.

Sobre la hora de la crucifixión surgen nuevas divergencias. Mateo y Lucas dicen que a las doce del mediodía ya estaba crucificado y que hubo tinieblas desde esa hora (la sexta) hasta la nona (las tres de la tarde), hora en que murió; Nicodemo y Marcos dicen que fue crucificado a las ocho de la noche y que murió a las nueve, produciéndose entonces las tinieblas; Juan ni lo menciona. Al expirar, según Marcos, Mateo y Nicodemo, exclama: «Dios mío, Dios mío, ¿por qué me has abandonado?», frase que confirma que Jesús no se consideraba Dios, ni mucho menos, y que en arameo es *«Elí, Elí, Iamá sabachthani?»*, es decir, que clama a Elí, nombre del Sol. Más tarde profiere: «Padre, en tus manos encomiendo mi espíritu» (llamar Padre a Dios era muy normal); según Juan sólo dice: «Todo está consumado.» Mateo y Marcos comentan que el centurión exclama: «Este hombre era justo»; Nicodemo y Lucas añaden que todos los espectadores quedaron turbados. Según los Evangelios de Juan y de Pedro, Jesús muere la víspera de los Ázimos, es decir, el día 14 de Nisán, en vez del día 15, como sostienen los sinópticos.

Todos los evangelistas dicen que los seguidores de Jesús se mantenían lejos; de ser así, ¿quién oyó sus palabras finales? Queda claro que no se sabe cómo se desarrolló la historia de la Pasión; los autores de los relatos sólo se preocuparon de confirmar con exactitud el cumplimiento de una serie de profecías, sin percatarse de que las profecías no hacían referencia a una persona, ni a un mesías, sino al pueblo de Israel personificado.

Era costumbre romper las piernas de los crucificados con el fin de acelerar su muerte, así se hace con los dos ladrones, pero no con Jesús, porque ya estaba muerto (para que se cumpla otra profecía). En vez de eso, un soldado, llamado Longinos, le abre el costado con una lanza y de la herida manan sangre y agua. El dios escandinavo Odín, el indio Vishnú, el filipino Marsias y el griego Adonis también fueron alanceados en el costado.

Existe una extraña tradición que dice que Jesús no murió en Jerusalén, sino en Lud, y que no fue crucificado, sino que fue lapidado por blasfemo, al decir que era el Hijo de Dios. Esta tradición no parece que tenga fundamento, por eso me limito a reseñarla.

Los cristianos sostienen que Jesús sufrió por los pecados de los hombres; y para justificar esta afirmación dicen que él mismo predijo lo que le iba a pasar. Pero es un argumento absurdo y pueril, pues, como dice Celso, «es como si para probar que un hombre es justo, se demostrase que cometió injusticias, o para probar que es inmortal, se certificase que murió». ¿Cómo es posible que un Dios omnisciente por definición cree unos seres tan perversos y tan mal hechos que se vea precisado a enviar a su único Hijo a sufrir terribles tormentos para redimirlos?, ¿cómo es posible que a un Dios omnipotente no se le ocurra otro medio menos brutal para salvar a la humanidad?, ¿cómo es posible que, tras tamaño sacrificio, la humanidad siga igual o peor que antes? Así son las cosas, salvo que estemos frente a un colosal fraude, lo cual es más que probable.

El rasgado de la cortina representa el «renacimiento»

del sol. El oscurecimiento del sol y los temblores de tierra se relatan en las muertes de todos los dioses salvadores.

El cuerpo de un ajusticiado debía enterrarse antes de la puesta del sol. Los romanos, cuando condenaban a muerte a un criminal, le ataban a un poste o a un árbol y le azotaban hasta la muerte; luego dejaban su cuerpo a merced de las fieras, salvo que algún pariente o amigo solicitara el cadáver. José de Arimatea había pedido a Pilatos el cuerpo de Jesús, antes de ser crucificado, según Juan y el *Evangelio de la venganza del Salvador*. Le bajan de la cruz, le envuelven en un lienzo blanco y depositan el cuerpo en una tumba vacía, «labrada en piedra», según Pedro. Al depositar el cuerpo de Jesús en el suelo se produce un terremoto. Esto hace que los judíos se arrepientan, según comenta Pedro, lo que no es cierto. Lo que sí queda claro es que los discípulos, atemorizados, estaban escondidos.

Lucas y Pedro dicen que Jesús fue sepultado la víspera de Pascua. Afirma Nicodemo, príncipe de los judíos, que tanto a él como a José de Arimatea y a todos los que declararon a favor de Jesús ante Pilatos les persiguieron los judíos, pero se libraron milagrosamente; sin duda lo dice para darse importancia, pero no es cierto.

Unos sostienen que el sepulcro fue precintado con siete sellos, aunque la mayoría coincide en que se cerró con una gran piedra. Una vez más los evangelistas se contradicen, unos afirman que Pilatos se negó a custodiar el sepulcro de Jesús con sus soldados, mientras que otros aseguran que el sepulcro fue vigilado por soldados romanos, y dan el nombre del centurión Petronio, y que incluso les acompañaban varios dignatarios judíos.

Era costumbre enterrar el madero de la ejecución y

los instrumentos de castigo, como los clavos o la corona de espinas, junto al cadáver del reo, y cubrir la tumba con gruesas piedras. Es indudable que ningún discípulo supo jamás dónde estaban la cruz y la corona de espinas de su maestro. En los lugares de la antigua Jerusalén, Adriano mandó construir la Aelia Capitolina, con lo cual quedaron destruidos los llamados Santos Lugares, por tanto es imposible que pasados cuatro siglos la emperatriz Elena, madre de Constantino, encontrara nada menos que las tres cruces, los clavos con que fue crucificado y la corona de espinas.

Según un curioso Evangelio atribuido a Bernabé, pero de indudable origen musulmán, y del que se conserva un fragmento, cuando fueron a capturar en el huerto de los Olivos a Jesús, «éste fue arrebatado al tercer cielo [o Paraíso], porque no morirá hasta el fin del mundo y se crucificó a Judas en su lugar». ¿Cómo se consiguió eso? Pues muy sencillo, mediante un milagro, Dios hizo que el discípulo traidor se pareciera tanto a Jesús, que no sólo los judíos, sino hasta su madre, María Magdalena y los apóstoles los confundieron (!).

Resurrección y Ascensión de Jesús

El mito de la resurrección tiene su origen en la ancestral adoración al Sol. Casi todos los pueblos, como hemos visto, han adorado al Sol, lo que es lógico, pues es un astro que nos da luz, calor y vida. Es un dios que «muere» cada tarde y «resucita» cada mañana. De este hecho se deriva la idea de un dios destinado a morir por la maldad de los hombres, llorado y sepultado, pero vuelto a la vida, lo que transforma el llanto en radiante alegría. Dioses como Osiris, Adonis, Attis, Marduk y Mitra, entre otros, habían resucitado, y los cristianos, para no ser menos, idearon la resurrección de su maestro, transformando su muerte en un triunfo. La resurrección representa las fuerzas de la naturaleza, significa el retorno a la vida después de la muerte, un nuevo comienzo equivalente al de la naturaleza en primavera.

Los misterios griegos servían para que los iniciados llegaran a comprender y asumir su verdadera identidad, para lo que era necesario pasar por cuatro niveles: físico, psíquico, espiritual y místico. (Véase Glosario al final de la obra.) Los de los niveles superiores consideraban «muertos» a los de niveles inferiores; el paso de un nivel a otro se consideraba una auténtica «resurrección».

La creencia literal en la Resurrección de Jesús es fundamental para la Iglesia, porque en ella se basa su autoridad. La experiencia de la Resurrección que tuvieron los primeros discípulos les permitió atribuirse una autoridad de la que carecieron todos los seguidores posteriores. Quedó así restringida la autoridad a un reducido número de personas, quienes se arrogaron el derecho a ordenar y transferir dicha autoridad a determinados sucesores. Hoy se considera que la autoridad del Papa procede de Pedro, y la de los obispos, de los apóstoles. Pero resulta que no existe el menor documento que pueda confirmar la existencia de Pedro, tampoco existe confirmación de que hubiera estado en Roma y está demostrado que es falso que fuera el primer Papa. La figura mítica de Moisés fue una personificación de la sinagoga, y Jesús, una personificación fantástica de la Iglesia; de forma equivalente, Pedro ha sido la personificación del cristianismo de Roma y con más énfasis del Vaticano.

Sin embargo, en el *Evangelio de Felipe* se critica a los «cristianos ignorantes que toman la Resurrección al pie de la letra». En otros escritos gnósticos se afirma que la resurrección es un símbolo de la iluminación, por la cual un ser humano normal es considerado «un muerto espiritual» y mediante la revelación «resucita», pues «ve a Dios con su mirada interior». Esto se correspondería con los niveles de identidad que consideraban los misterios griegos. (Véase Glosario.)

Si la Iglesia cree un hecho fundamental la Resurrección de Jesús, hasta el extremo de que Pablo escribió: «si Jesús no resucitó, vana es nuestra fe», porque ese hecho demuestra que era Dios, ¿por qué razón no son considerados dioses Lázaro, o la «hija de un principal», o todos los resucitados que se reseñan en los Evangelios?

Casi todos los relatos evangélicos sobre la supuesta Resurrección de Jesús están inspirados en las *Acta Pilati*. El primer historiador de la Iglesia y una de las principales autoridades para establecer la autenticidad de los Evangelios es el obispo Eusebio, pero todos los investigadores de la historia le consideran el prototipo de los historiadores desleales e indignos de crédito; no sólo falsificó documentos y modificó textos, sino que incluso hizo desaparecer originales de gran valor histórico.

La Pasión y muerte de Jesús tuvo, según parece, varios testigos, tanto amigos como enemigos. La muerte de Jesús, afirmada por relatos discordantes e incluso contradictorios, como hemos visto, entra dentro de lo posible y natural. Los relatos de la Resurrección contienen aún más contradicciones, como vamos a ver, y llegan a dar detalles disparatados. Por muchos testigos, que no es el caso, que aseguren haberlo visto resucitado, su declaración quedaría anulada por el testimonio del resto de la humanidad, que considera contraria a las leyes naturales la idea de la resurrección de los muertos. El testimonio de unos discípulos autosugestionados, cuya imaginación les hizo confundir sus deseos con la realidad, incapaces de raciocinar y aterrados por la cruel muerte de su maestro, carece de validez alguna.

Por otra parte, si Jesús quería hacer patente su cualidad divina sin ningún género de dudas, hubiera sido esencial la comprobación de su Resurrección no sólo ante los interesados discípulos, sino ante los que le negaron, juzgaron y condenaron, así como ante el pueblo judío, puesto que públicamente lo había prometido. De esa forma habría demostrado de forma incontrovertible su divinidad, en lugar de los inútiles milagros realizados anteriormente. Como no fue así, se llega a la conclusión de que la Resurrección de Jesús es un hecho indemostrable y mítico, aunque imprescindible para transformar el fracaso de la misión de Jesús, que muere ajusticiado, en un rotundo éxito. Un hecho tan sorprendente como una resurrección hubiera hecho creer a todos, y no sólo a los que ya creían o estaban predispuestos a ello.

Nicodemo narra la Resurrección por boca de un soldado, supuesto testigo, quien dice que tembló la tierra y un ángel quitó la piedra del sepulcro. El ángel les dijo a las mujeres que habían ido que no temieran, que Jesús había resucitado, como había predicho, que avisaran a los discípulos y que les esperaba en Galilea. Los judíos no se creen este relato y ofrecen a los soldados una importante suma de dinero para que callen.

Mientras tanto, los galileos Fineo, Addas y Ageo aseguran que han visto a Jesús resucitado en el monte de los Olivos hablando con sus discípulos y que de inmediato subió al cielo. Tampoco les creen en la sinagoga y mandan llamar a José de Arimatea, quien confirma el hecho y añade que lo admirable no es que Jesús haya resucitado, «sino que ha devuelto a la vida a gran número de muertos, los cuales se han dejado ver de muchos en Jerusalén». En vista de lo cual llaman a dos de los «resucitados», Carino y Leucio, quienes declaran cosas tan increíbles como que ellos estaban en la *Gehenna*, el Infierno, y al llegar Jesús se iluminó todo. Nicodemo relata la bajada de Jesús al infierno en versión de «los hijos de Simeón», también «resucitados». A los tres días de celebrada la Pascua, todos los que habían resucitado «fueron arrebatados por nubes y no volvieron a ser vistos» (una ingeniosa forma de eliminar falsos testigos).

La (o el) *Gehenna* era un valle próximo a Jerusalén en el que los cananeos, adoradores del dios Moloch, celebraban el rito de la quema de niños, por lo que se consideraba como un lugar terrible, un sitio de castigo, de condena. Marcos mudó el significado original llamándolo «fuego eterno» o «infierno». Los judíos no creían en otra vida después de la muerte, y por tanto no creían en la existencia de un cielo y un infierno. Las ideas del cielo y el infierno proceden de Persia y de la India. El supuesto descenso al erebo era un suceso común en todas las leyendas de los dioses salvadores.

Nicodemo llama a Satanás «príncipe de la muerte», porque cree que el «jefe del infierno» es otro; de manera que Satanás está siempre en la Tierra y la Furia está en los infiernos. Satanás tiene una conversación con la Furia sobre la figura de Jesús, a consecuencia de la cual, la Furia decide cerrar las sólidas puertas del infierno para que no pueda entrar, pero las puertas «salen volando en mil pedazos» y Jesús entra en los infiernos, para espanto de los poderes infernales, provocando una pelea entre Satanás y la Furia. Al entrar Jesús, todos los patriarcas y profetas estallan de gozo, pues estaban allí esperando su liberación. Jesús toma a Adán bajo su protección, mientras los profetas cantan su triunfo y todos son llevados por Jesús al Paraíso. Termina así el relato de Carino y Leucio.

En los Evangelios canónicos no se menciona nada de todo esto; ahora bien, tanto en los canónicos como en los apócrifos queda claro que absolutamente nadie vio a Jesús salir del sepulcro, lo cual es muy significativo. A pesar de que, según el *Evangelio de Pedro,* muy de mañana, ante una gran multitud, dos hombres retiran la piedra y penetran en el sepulcro, y salen tres hombres seguidos por una cruz, los dos hombres que habían entrado antes en el sepulcro sostienen a un tercero. Una voz pregunta si ha predicado a los muertos y Jesús contesta que sí. Un relato un tanto extraño y legendario.

Si creían que iba a resucitar, resulta absurdo que los discípulos embalsamaran el cuerpo, acto del que se olvidan Marcos y Lucas, que sólo comentan que al día siguiente las mujeres van al sepulcro para embalsamarle. La promesa de que resucitaría no es original, ya lo dijeron Pitágoras, Orfeo, Osiris, Hércules, Teseo, etcétera. Es preciso resaltar que Jesús predijo que resucitaría al tercer día, y según todos los relatos evangélicos sólo estuvo muerto una noche.

El centurión y los soldados que guardaban el sepulcro van a informar de lo que está pasando, y curiosamente, nadie duda de ello; en vez de aterrarse, reconocer el grave error que han cometido e ir a adorarle, les dan dinero, ordenándoles que no se lo digan a nadie y que difundan la idea de que han robado el cuerpo. Semejante disparate sólo lo narra Mateo, los demás no se atreven. Quizá para paliar semejante información, Mateo dice que, en su tiempo, era creencia general que el cuerpo de Jesús había sido robado por sus discípulos. Creencia que debía de tener su fundamento.

Ante todos estos maravillosos hechos los judíos quedan atónitos; Pilatos, intrigado, incluso va al Templo y exige que le digan la verdad. Anás y Caifás le dicen que se han equivocado y que realmente era el Hijo de Dios. Pilatos escribe una carta a Claudio Tiberio César dándole cuenta de todo y razonando como un cristiano. Que Pilatos entrara en el Templo es impensable, los judíos no hubieran consentido tamaño sacrilegio. Que Anás y Caifás reconocieran su error en tan corto período de tiempo es ridículo. Por último, que Pilatos escribiera a Claudio esa carta razonando como un cristiano es totalmente inverosímil.

Mateo, Marcos y Pedro dicen que Magdalena va al amanecer, Juan dice que «siendo aún oscuro» y Lucas, que «muy de mañana». Mateo dice que Magdalena va con «la otra María» (que no se sabe quién es), Marcos y Taciano dicen que van tres: María Magdalena, María de Jacobo y María de Salomé, Lucas asegura que van varias: «María Magdalena, Juana, María de Jacobo y las demás», para Pedro va Magdalena con varias amigas y para Juan sólo va Magdalena. Ven el sepulcro abierto y según Mateo, ven «un ángel con aspecto de relámpago y vestido blanco» sentado en la piedra del sepulcro; según Marcos, el ángel está dentro del sepulcro y es «un mancebo con ropa larga blanca»; según Lucas, ven «dos varones con vestiduras resplandecientes» y según Juan, «María Magdalena quedó fuera llorando y vio dentro a dos ángeles vestidos de blanco». Todos coinciden en que los ángeles, mancebos o varones les comunican que Jesús ha resucitado y les espera en Galilea, en lo demás no se ponen de acuerdo.

De nuevo las discrepancias; Mateo dice que las mujeres huyeron espantadas a contárselo a los discípulos, pero Jesús se les aparece y «ellas le adoran». Marcos asegura que, espantadas al ver al ángel, huyeron y no hablaron con nadie. Lucas dice que las mujeres contaron lo ocurrido a los discípulos, pero no las creyeron y Pedro fue a comprobarlo. Juan da dos versiones, en la primera dice que María Magdalena, al ver quitada la piedra del sepulcro, fue a donde estaban Pedro y «el discípulo a quien Jesús quería mucho», van al sepulcro, ven las vendas y la tela que cubría su faz y «regresaron a casa»;

luego dice que María Magdalena se quedó llorando y dos ángeles vestidos de blanco le preguntaron por qué lloraba; contesta que no sabe adónde se han llevado «a mi Señor», de pronto, nada más decir esto, «vio allí a Jesús, aunque no sabía que era él» (¿cómo supo que era Jesús?), le confunde con el sepulturero y sospecha que es el que se ha llevado el cuerpo; entonces Jesús se da a conocer y María Magdalena le abraza, Jesús le dice que le suelte y que vaya a contárselo a los discípulos.

Todos coinciden en que María Magdalena va al sepulcro y en que Jesús se aparece primero a ella. Es un tanto extraño que en ningún Evangelio, canónico, apócrifo o gnóstico, se dé cuenta de que Jesús resucitado se apareciese a su madre, como sería lo natural.

Las apariciones póstumas son moneda corriente en todas las leyendas ancestrales. Así ocurre con Apolo, Osiris, Aristeo, Abaris, Cleómanes, Hermitomo, etcétera. Lo mismo ocurre con el concepto de rendir culto a un ajusticiado, como los casos de Antínoo, Anficraos, Cilicios y Anfíloco. En los misterios de Dionisos, para impresionar al pueblo, hacían aparecer fantasmas y espectros del «más allá», lo que fue copiado por muchas religiones.

Nadie reconoce a Jesús resucitado. Lucas refiere que dos discípulos van a Emaús, caminan juntos y van comentando los sucesos, se les une Jesús, al que no reconocen, y les pregunta el motivo de su tristeza; contestan extrañados de que no sepa lo que ha pasado y le dan cuenta de ello, añadiendo «nosotros esperábamos que él [Jesús] era el que había de redimir a Israel» (una vez más se hace patente que esperaban un mesías que les liberara del yugo romano), luego agregan que sus mujeres les han dicho que no encontraron su cuerpo en el sepulcro, que habían visto ángeles que les dijeron que vivía. Y no le reconocieron hasta que «sentado a la mesa con ellos, tomando el pan, lo bendijo, partió y dioles».

Y como no podía ser menos, nuevas divergencias. Según Mateo, se aparece a los discípulos en el monte de Galilea, donde les había indicado, «y como lo vieron le adoraron, mas algunos dudaron» (no se entiende cómo a pesar de haberle visto algunos dudaran..., no sería muy real la visión). Marcos dice que se apareció a «los once» cuando estaban sentados a la mesa, y les echó en cara su incredulidad; es decir, también dudan de lo que supuestamente ven. Según Lucas, cuando estaban reunidos los discípulos se aparece en medio de ellos, «entonces ellos, espantados y asombrados, pensaban que veían algún espíritu», por lo que tuvo que mostrarles las llagas, y ni siquiera así creen todos, tuvo que «abrirles el sentido» para que entendiesen. Según Juan, el primer sábado, estaban reunidos «los doce», con las puertas y ventanas cerradas, cuando se les apareció (lo que indica que era un cuerpo inmaterial) y les sopló el Espíritu Santo (es decir, les pasa del nivel psicológico al nivel espiritual); Tomás el Dídimo no estaba (si no estaba, ¿cómo había «doce»?) y no les cree; a los ocho días, estando de nuevo reunidos con las puertas cerradas, vuelve a aparecerse y Tomás introduce sus dedos en las llagas y cree (si es un cuerpo glorioso, como dice la Iglesia, ¿cómo es que tiene llagas?).

Según Juan hay una tercera aparición. Simón Pedro, Tomás el Dídimo, Natanael, los hijos de Zebedeo y «otros dos» se van a pescar, lo que indica que estaban convencidos del fracaso. No consiguen pescar nada, entonces se aparece Jesús, al que no reconocen, les manda tirar las redes a su derecha y recogen ciento cincuenta y tres peces grandes (porque se creía entonces que había ciento cincuenta y tres variedades diferentes de peces, una alegoría para sugerir que toda clase de hombre puede llegar a ser cristiano y salvarse); Jesús almuerza con ellos, pero no se atreven a preguntarle quién es.

Más tarde hay una escena un tanto extraña entre Jesús y Pedro, que sólo recoge Juan, en la que Jesús pregunta tres veces a Pedro si le ama, éste contesta que sí, entonces Jesús le pide que apaciente a sus ovejas; este episodio es un indudable añadido para dar a entender la primacía de Pedro, cosa que nunca se produjo. Después de esto, Pedro, señalando al «discípulo que amaba Jesús», es decir, a Juan, dice: «Y éste ¿qué?», a lo que Jesús contesta: «Si quiero que él quede hasta que yo venga [hasta su segunda venida], ¿qué se te da a ti?» Por eso los discípulos pensaban que Juan no moriría.

Según el Evangelio atribuido a Bernabé, de claro origen musulmán, María volvió a Jerusalén (pero ¿no estaba ya en Jerusalén?) con Jacobo, Juan y «conmigo» (Bernabé), llorando la muerte de Jesús. Éste ve lo que sufren y pide a Dios que le deje consolarles (pero ¿no dicen que Jesús es Dios?); Dios se lo concede y aparece en casa de María, que está «con sus dos hermanas y con Marta, Magdalena, Lázaro, Juan, Jacobo, Pedro y Bernabé», quienes, al ver a Jesús, «fueron presa de tal pavor que cayeron al suelo»; Jesús les dice que no lloren ni se apenen, porque está vivo y Judas fue crucificado en su lugar. (Este relato ha sido defendido por algunas sectas durante mucho tiempo, aunque resulte increíble.)

No se entiende cómo si su maestro, en numerosas ocasiones, incluso durante la última cena, dice que resucitará al tercer día, los discípulos se asombran, quedan aterrados o no terminan de creérselo cuando le ven, y, por si fuera poco, no le reconocen. Esa resistencia de los discípulos a creer en la Resurrección hace pensar que o eran unos desmemoriados, pues Jesús lo había predicho varias veces, o esta pretendida profecía nunca se pronunció, o bien esas apariciones son falsas. Algo no encaja en todo esto.

Como hemos visto hay nuevas discrepancias; Marcos dice que se les aparece por primera y última vez; Lucas dice que dos veces; Juan, que tres veces y Pablo menciona otras apariciones; Mateo y Juan dicen que la última aparición fue en un monte de Galilea, pero Marcos y Lucas dicen que se apareció en Jerusalén. El *Evangelio de Valentino* comienza diciendo: «Cuando resucitó de entre los muertos, Jesús pasó once años hablando con sus discípulos.» En el *Acta Apostolorum* se dice que Jesús se apareció a lo largo de cuarenta días a ciento veinte discípulos, y no a quinientos, como dice Pablo. Por último, según Mateo y Marcos, Jesús ordena a los discípulos que vayan a un monte de Galilea, mientras que Lucas dice que les manda que no salgan de Jerusalén. En el texto gnóstico *Sabiduría de Jesucristo* se dice que congregados los «doce» y siete mujeres, «se manifestó el Señor no bajo la anterior forma, sino con la del Espíritu Invisible. Su apariencia era como la de un gran ángel de luz». Una vez más no se ponen de acuerdo.

Los apócrifos dan rienda suelta a su imaginación y relatan cosas sumamente curiosas y anacrónicas, como la curación de Tito, rey de Aquitania, a distancia, y de todos los enfermos que estaban presentes, la conversión de Tito al oír el relato de Nathan, el ataque de Tito y Vespasiano a Jerusalén, de forma que nada menos que doce mil hombres se suicidan por hambre y el resto de la población es lapidado o crucificado. En el *Evangelio cátaro del Pseudo-Juan* se da cuenta de unas supuestas revelaciones de Jesús sobre Satanás, en las que relata su sublevación, caída y conversión en demiurgo; dice que las almas de los hombres eran «ángeles caídos en el lodo de la materia», y asegura que no fue Dios el que hizo al hombre, sino Satanás; para ellos sólo el bautismo cristiano es válido y hace unos comentarios sobre el Juicio Final.

Nicodemo describe los supuestos debates que tuvieron lugar en el sanedrín sobre la Resurrección de Jesús. Resulta curioso que en todos los escritos, tanto canónicos como apócrifos, se refleja la sospecha de que los discípulos robaran el cuerpo de Jesús, para asegurar más tarde que había resucitado. Nicodemo dice que se envió una expedición por todo Israel para tratar de encontrar a Jesús, sólo encuentran a José de Arimatea, que narra la aparición de Jesús resucitado, a quien «no reconoce» (entonces ¿cómo sabía que era Jesús?). Valentino dice que Jesús resucitado subió al cielo y luego descendió para revelar a Juan, Jacobo y Pedro la gnosis, es decir, los misterios de su doctrina esotérica, tradición que recoge Clemente Alejandrino y que estaba extendida entre los gnósticos.

En el siglo III había más de veinte versiones de la muerte y Resurrección de Jesús. En algunas se decía que no había muerto y que residió en Egipto ya anciano. Está claro que si los Evangelios hubieran sido escritos por testigos de los hechos, no se habrían producido tantos relatos y tan diferentes.

A consecuencia de la Resurrección de Jesús, se extendió la idea, hoy totalmente asumida por la Iglesia, de la resurrección de los muertos para ser juzgados y vivir eternamente. Es decir, unos seres reducidos a polvo y dispersados por el universo pueden volver a vivir «con los mismos cuerpos y almas que tuvieron». Surgen de inmediato varias preguntas, entre otras muchas que se podrían hacer: ¿con qué edad se resucita?, ¿aquellos que hayan tenido defectos corporales los seguirán teniendo eternamente?, ¿dónde podrán vivir los miles de millones de personas que han pasado por la Tierra? (puesto que ocuparán un espacio físico, ¿no?).

La tradición cristiana supone que entre la Resurrección y la Ascensión transcurren cuarenta días, número muy empleado en la Biblia. Así, el diluvio duró cuarenta días, el éxodo, cuarenta años, el ayuno de los ninivitas ante el ataque de Jonás, cuarenta días, Moisés residió en Egipto cuarenta años y otros tantos en Madián, ayunó cuarenta días en el Sinaí, los mismos que ayunó Elías en el monte Horeb y Jesús en el desierto. Por tanto no tiene nada de extraño que la tradición sostenga que Jesús estuvo cuarenta días resucitado, aunque algunos sostienen que «cuarenta días» quiere decir mucho tiempo.

Sólo Marcos, Lucas y Pedro mencionan la Ascensión de Jesús a los cielos muy escuetamente y es casi inmediata a su Resurrección. Sin embargo, el *Apócrifo de Santiago* sostiene que la Ascensión la efectuó a los quinientos cincuenta días de la Resurrección, y la realizó sólo delante de Santiago y de Pedro. Un hecho tan importante apenas merece un comentario.

En el mito de la Ascensión, Jesús sube al cielo y está sentado a la diestra de Dios, todo ello para que se cumpla una profecía y porque Elías había subido al cielo en un carro de fuego y Jesús no iba a ser menos. Se trata, por lo tanto, de una imitación narrativa y de una acomodación mesiánica a un mito ancestral. Resulta que sólo María y Jesús están en el cielo con sus cuerpos o eso dicen, aunque también están Elías, y ahora se dice que también José, el padre de Jesús. No es posible entender que si el cielo no existe, si consiste sólo en la visión de Dios, ¿dónde están unos cuerpos físicos, con sus volúmenes, pesos y necesidades?

Es un tanto extraño que una cosa tan espectacular como la Ascensión apenas sea comentada por los evangelistas, la relatan de pasada y no todos. En la literatura cristiana primitiva (y no tan primitiva) se acrecientan con increíbles invenciones las leyendas evangélicas, con el fin de ayudar e incrementar la fe. Resulta cuando menos curiosa la facilidad con que se aceptaban (y se siguen aceptando) todas esas invenciones, por absurdas, ridículas y anacrónicas que sean.

Basándose seguramente en el Evangelio atribuido a Bernabé, existe una tradición por la cual llegan a la Provenza Jesús, que no había muerto (siendo ajusticiado en su lugar Judas), y María Magdalena, y tienen descendencia. Esto ha dado lugar a otras curiosas leyendas por las que hay algunos, incluso hoy día, que se consideran herederos directos de Jesús y de María Magdalena, como los seguidores del «Priorato de Sión».

Según otro mito muy extendido, conocido como Leyenda Dorada, María Magdalena, sus hermanos Marta y Lázaro, junto con María de Santiago y María Salomé, huyeron en barco de Palestina. Una tormenta les arrojó en las playas de la Provenza. Se habían traído como reliquias la cabeza de Santiago el Menor y los restos de los Santos Inocentes. María de Santiago y María Salomé perecieron en el naufragio, y sus reliquias son veneradas en Les Saintes Maries de la Mer. María Magdalena se internó en la región, predicando el Evangelio y llevando una vida de gran austeridad, para que le fueran perdonados sus pecados (por lo visto la que no perdona es la Iglesia). Parece ser que tampoco murió, porque los ángeles la llevan al Paraíso en éxtasis. La Magdalena pasó a ser el prototipo de la pecadora arrepentida y ha sido muy venerada por su gran poder benéfico y por ser la compañera de Jesús.

Otros creían que María Magdalena había vivido con la Virgen en Éfeso, donde enseñan a los turistas la casa donde residieron, y al morir la madre de Jesús, se fue a Marsella, y vivió en una cueva en Saint Baume.

Los habitantes de Shingo, en Japón, sostienen que Jesús y su hermano Santiago están enterrados allí, y conservan sus tumbas, que muestran muy satisfechos. Añaden que Jesús recibió formación en ese lugar durante los años desconocidos. Después de ser ajusticiado un hermano de Jesús por error, éste huyó con el resto de sus hermanos y algunos discípulos a Shingo, donde se casó con una japonesa, de la que tuvo tres hijas, y vivió hasta los ciento seis años. Según parece, las tumbas que enseñan tan ufanos son de unos misioneros cristianos del siglo XVI.

El «fin de los tiempos» y la segunda venida de Jesús (la parusía) se han esperado durante siglos y se siguen esperando, aunque se predijeron como hechos inminentes. Esta misma situación ha ocurrido con Krishna y otros. La Iglesia justifica este fracaso profético diciendo que era una predicción intemporal.

María, de madre a diosa

La Iglesia considera que Dios es digno de latría, adoración, y que los santos reciben dulía, veneración; entonces ¿cómo honrar a María? Con un nuevo vocablo: hiperdulía, un intermedio entre adoración y veneración. Sin embargo, en la práctica no es así; los dogmas de fe referentes a María la han transformado en una auténtica Diosa-Madre que recibe especial adoración y culto, como veremos. Y esto a pesar de que en los Evangelios canónicos no se nombra para nada su inmaculada concepción, ni su muerte, ni su Asunción a los cielos, y sobre su virginidad los evangelistas, lejos de aseverarla, suscitan numerosas dudas.

Conviene recordar que la diosa Ishtar, entre otras diosas de la antigüedad, estaba considerada «Madre de los Dioses», «Reina del Cielo» y «Madre de los Hombres». Era la amante inmortal de su hijo Tammuz, un dios que muere y resucita. De forma equivalente, Epifanio, autor de *Genna Marias*, sostiene que Jesús cometió incesto con su madre en un rito de matrimonio sagrado.

No se vuelve a hablar de María, la madre de Jesús, desde la Pasión hasta que Lucas relata en los *Hechos* que, estando los discípulos (hermanos y mujeres) orando en Jerusalén, recibieron el Espíritu Santo en forma de lenguas de fuego sobre sus cabezas (de esta forma pasaban al nivel místico o gnóstico), y que María «estaba en el cuarto de arriba»; por tanto resulta cuando menos confuso el que recibiera también el Espíritu Santo y, por consiguiente, el supuesto don de lenguas y el paso al nivel místico.

Existen muchas discrepancias entre las diferentes leyendas sobre la muerte de María, lo que indica que no existe una tradición sólida. Nadie sabe dónde está el sepulcro de María, y éste es un tema que la Iglesia, durante muchos años, ha ido soslayando. Hasta que Pío XII, en 1950, proclamó el dogma de la Asunción, en el cual se asegura que María no murió, sufrió una «dormición» (¿qué será eso de dormición?, ¿qué pretenden decir con ello, que se quedó dormida?). Ahora bien, si María no murió, es superior a su Hijo, que fue muerto y sepultado; por eso la Iglesia elude definirse sobre el tema, se limita a decir que «fue llevada en cuerpo y alma a la gloria celestial al concluir su estancia terrenal». Recordemos que para la Iglesia, la muerte es la separación entre el alma y el cuerpo, por lo tanto, suponiendo que esto ocurriera así, María no murió.

Sobre la muerte de María no existen documentos fidedignos; en los Evangelios no se menciona su fallecimiento. Sólo disponemos de un *Tránsito de la bienaventurada Virgen María,* debido a un tal Juan *el Apóstol,* lo que ha resultado totalmente falso, pues Juan jamás lo escribió; el autor pudo ser Juan *el Teólogo* u otro que utilizó el nombre del apóstol para dar categoría al escrito. En las *Exequias de la Virgen* se la hace resucitar; pero esta idea no tuvo éxito, pues nadie más la recoge. Luego hay dos escritos más, uno de Vicente de Beauvais, del siglo XIII, y otro de Dularier, del siglo XIX, que recopilan diferentes tradiciones sobre el hecho.

El primero comienza diciendo que desde el monte Sinaí, donde había nada menos que trescientos veinte altares, dos sacerdotes, David y Juan, y un diácono, Felipe, escribieron a Ciriaco, obispo de Jerusalén, para que contara la historia de María. Dice que María iba todos los días a orar y llorar al Gólgota, no sin temor de que la matasen también a ella. Como los judíos no quieren que María vaya al Gólgota y la amenazan, decide irse a Belén con tres vírgenes. Se le aparece el arcángel Gabriel para avisarla de que en tres días «será arrebatada de este mundo». Beauvais dice que a los tres años de la Ascensión de Jesús se aparece un ángel que lleva una palma del Paraíso, para que María la lleve cuando sea recibida en el cielo. Dularier dice que eso ocurrió a los quince años de la Resurrección.

María se encuentra mal, y Juan, llevado por una nube luminosa, va a verla, lo que contradice a Dularier, pues éste asegura que Juan vivía en la misma casa que María, porque en el cuarto Evangelio Jesús en la cruz dijo a Juan: «He ahí tu madre. Y desde aquella hora el discípulo la recibió consigo.» María teme a la muerte y que incineren su cuerpo, pero Juan la tranquiliza. María pide que vayan todos los apóstoles, y el Espíritu Santo envía una nube que les lleva a todos a su lado. Supuestamente Pedro estaba en Roma (lo que no parece ser cierto), Pablo estaba «lejos de Roma» (se ve la influencia de Pablo para que se le incluya, pues él no era apóstol) y Tomás estaba en la India (?); van Mateo y Jacobo e incluso acuden algunos que ya habían fallecido, como Felipe, Andrés, Lucas, Simeón, Marcos y Bartolomé.

Cuando están todos, se llena la casa de ángeles y hasta caen estrellas del cielo, por lo que los habitantes de Belén estaban atónitos (y nosotros, de tanta fantasía), los que se acercaban a la casa quedaban curados de sus dolencias; con tal éxito que acudieron gentes de Roma, Alejandría, Egipto y otros países (el autor ha debido de olvidar que sólo fueron tres días).

Al ver tales prodigios los judíos salen de Jerusalén hacia Belén con el fin de expulsar a María y a los apóstoles, pero sus pies se detuvieron milagrosamente y no pudieron seguir. Entonces envían un ejército con treinta mil jinetes y muchos soldados de a pie, pero el Espíritu Santo lleva a María y a los apóstoles por el aire a Jerusalén y el ejército se encuentra que no hay nadie. En Jerusalén quieren quemar la casa donde residen, pero todos los que se acercaban quedaban abrasados. Ante hechos tan maravillosos, el prefecto y muchos judíos creyeron en Jesús, aunque previamente discutieron la cuestión. (¡Realmente inaudito!)

El Espíritu Santo ordena a los apóstoles que lleven a María al valle de Getsemaní, a un lugar en el que había tres cavernas; según Dularier fue en el valle de Josafat. Aparecen entonces Eva, Ana (madre de María), Isabel (madre de Juan Bautista) y los patriarcas: Adán, Seth, Sem, Noé, Abraham, Isaac, Jacob, Elías, Moisés, David, etcétera, con el fin de acompañarla en su muerte. Velan su cuerpo durante tres días y medio, al oír los cánticos los judíos se presentan con ánimo de quemar el cuerpo (de nuevo sale a relucir esta cuestión), pero un fuego les impidió avanzar.

En un momento dado «el Señor tendió su santa mano y tomó su alma pura, que fue llevada a los tesoros del Padre». Juan le extiende las manos, Pablo, los pies y Pedro le cerró los ojos. Fue enterrada y pusieron una gran piedra en la entrada de la caverna, y «ya la virgen sin mancha fue llevada en triunfo al Paraíso sobre carros de fuego». Según Dularier, María murió plácidamente el 20 de enero, a los cincuenta y nueve años. Todo esto contradice lo que la Iglesia ha declarado dogma, que no murió ni fue enterrada.

Resulta que Tomás llega tarde (se conoce que la nube iba con retraso) porque estaba predicando en la India (?), y quiere ver el cuerpo de María. Van a la caverna, pero el cuerpo ya no estaba por lo que todos se entristecen. Tomás les dice que no se preocupen, porque cuando venía de la India en la nube se cruzó (!) con el cuerpo de María transportado por unos ángeles, y que la Virgen le había regalado un ceñidor. Luego todos los apóstoles fueron llevados de nuevo por una nube a sus lugares de origen (!).

En el apócrifo *Asunción de la Virgen,* obra condenada por la Iglesia, se relata la muerte y entierro de María. A pesar de estar prohibido, este escrito tuvo mucha influencia sobre las creencias y prácticas cristianas.

María llega al Paraíso, «cuyos fundamentos están en la tierra y llegan hasta el cielo... y cuando el diluvio allí no llegó el agua». Es recibida por Jesús, que le enseña las magníficas y espléndidas moradas que allí hay, las coronas de los mártires, los árboles perfumados y un aroma indescriptible. Le ofrecen fruta, y ve el primero y el segundo cielo, en el tercero está «la mansión celeste con los tesoros de la luz, la nieve, el trueno, la lluvia y el granizo». Ve el lugar de los justos y el infierno, donde sufren los pecadores. La descripción parece indicada para una atracción turística.

Pasados dos siglos de absoluto silencio sobre María

se produce un progresivo aumento del interés por su vida, pero eso sí, se prohíbe la más leve imputación de deseo carnal y se la aleja lo más posible de las tradiciones paganas. Hasta el siglo IV la ideología mariana no tomó una forma definida; poco a poco fue abriéndose paso la idea de su virginidad perpetua y su inmaculada concepción. Sin embargo, la idea de una virgen embarazada por un dios que da a luz un gran profeta, un semidiós o un héroe no tenía nada de original, prácticamente todas las religiones antiguas están plagadas de semejantes creencias.

Los Padres de la Iglesia lanzaron la idea de que de la misma manera que Eva, con su debilidad, había traído el dolor y la muerte, María había traído la ventura y la vida, al rechazar toda concupiscencia; de esta forma, la humanidad era rescatada. Por lo que se ve, llegaron a la conclusión de que una diosa era mejor que ninguna, y que debía ser mucho más perfecta (según su extraña idea de la perfección) que las diosas paganas.

A pesar de que hasta el siglo V no hay vestigio alguno de la construcción de altares cristianos permanentes, se produjo el ascenso de María a la fama, elevándola de ama de casa a Madre de Dios. Gracias al constante aumento de su poder económico, la Iglesia controlaba los escasos medios de comunicación existentes en la época, con lo que podían alterar o suprimir toda idea considerada heterodoxa. De esta forma, cayeron en el olvido el origen galileo de María (territorio más pagano que judío), las acusaciones de adulterio, el nacimiento de Jesús en un santuario pagano, el que tuviera varios hijos e hijas, las imputaciones de incesto, etcétera, etcétera.

El culto a la «Mater Dolorosa» se inició a fines del siglo XI, alcanzando su zenit en el siglo XIV con las peregrinaciones a los Santos Lugares. Surgió por entonces la práctica del vía crucis, en la que se dramatizan la Pasión y muerte de Jesús, haciendo especial hincapié en el dolor de la Virgen. De esta forma se le dio a María la función de diaconisa del sacrificio y colaboradora de la redención. Pero se evita asignarle su verdadero papel de sacerdotisa, con el fin de no equipararla a las diosas paganas y evitar a toda costa que eso pudiera suponer el consentimiento de que las mujeres puedan acceder al sacerdocio. Hasta el siglo XII no se le concedió a María el título de Nuestra Señora.

No contentos con esto los Padres de la Iglesia pensaron que era muy importante que María hubiese estado libre de pecado, del famoso pecado original, desde antes de su nacimiento; por ello discurrieron la absurda y extravagante idea de que tanto María como su madre, Ana, habían sido vírgenes perpetuas (y ya metidos en ideas disparatadas, ¿por qué no la abuela, la bisabuela, etcétera?). Los Evangelios esto ni lo mencionan. Como, según este mito, Joaquín no participó en la fecundación, el papa Pío V suprimió su festividad; no se comprende por qué no se suspendió también la festividad de san José. De forma que María se convirtió en cónyuge de un matrimonio celestial. Como ésta era una idea pagana, se identificó a María con la Iglesia, el enlace pasó a ser unas nupcias espirituales y María, la «novia espiritual» de Jesús. Una especie de incesto místico.

Alfonso M.ª de Ligorio aporta su grano de fantasía diciendo que cuando María subió al cielo, su esposo, Cristo, y no san José, la recibe y la abraza lleno de gozo; después es coronada por la Trinidad como «Reina del Cielo», y le confieren el poder del Padre, la sabiduría del Hijo y el amor del Espíritu Santo. Se observará que la

Iglesia evita toda posible alusión al incesto entre María y Jesús, aduciendo que la unión fue consumada en el Cielo.

Ahora bien, si Jesús había subido al Cielo en cuerpo y alma, parecía lógico (a los Padres de la Iglesia, claro está) que María se reuniese con él de forma equivalente; de ahí surge la fabulosa idea de que María no murió, sólo sufrió «una dormición» (!), y subió al cielo en cuerpo y alma. La idea de una asunción a los cielos proviene de la apoteosis de los héroes, según la tradición clásica.

Se proclama a María con otro atributo pagano, el de «Reina del Cielo» y «Mediadora» entre la intransigente Trinidad y la pecadora humanidad. A partir de ese momento se transfieren a María todas las leyendas y mitos populares procedentes del paganismo, y comienzan a presentarse innumerables apariciones marianas; en medio de un ambiente de histerismo, muchas personas afirmaban, y siguen afirmando, que sus estatuas, de yeso, piedra o madera, efectúan milagros, sonríen, lloran, sangran, hablan o relucen; una magia de indudable origen pagano. Mientras tanto, los clérigos cristianos se mofaban de los paganos que adoraban ídolos, pero, por si acaso, ordenaban la demolición de éstos, alentando la creación de ídolos cristianos, tan ridículos y falsos unos como otros.

Sin embargo, se ha podido comprobar que los cristianos primitivos rechazaban las imágenes, posiblemente por influencia judía y para apartarse de las costumbres paganas. Sostenían que las estatuas y las pinturas hechas por hombres no podían ser adoradas, pues, como decía Heráclito: «Dirigir preces a imágenes ¡vale tanto como hablar con las piedras!» Sin embargo, hoy se adora toda clase de representaciones y se asegura que hay imágenes milagrosas... ¡Vivir para ver!

Me va a permitir el lector que le cuente, a este respecto, una experiencia personal. Cuando era estudiante en Barcelona, pasé unos días en la ciudad de Olot, en casa de un excelente amigo. Entre las muchas cosas notables de esa ciudad, tuve ocasión de visitar una «fábrica de santos», donde manufacturaban imágenes religiosas: cristos, vírgenes y santos en todo tipo de posturas y con toda clase de atributos. Después de lo que presencié allí no puedo por menos de sorprenderme cuando alguien las llama «imágenes sagradas», se arrodilla ante ellas, les rezan, les piden cosas e incluso pretenden que son milagrosas. Es cierto que existen tallas y pinturas extraordinarias, de gran valor artístico; pero ¿qué pensaríamos de alguien que se postrara fervoroso ante la *Venus de Milo,* ante la *Gioconda* o ante el *Caballero de la mano en el pecho,* y que pretendiera que son imágenes milagrosas, capaces de sangrar o llorar?

Desde el siglo XIII el culto a María podría equipararse con la más devota adoración a las diosas de la antigüedad. El cristianismo, formado alrededor de la creencia en un solo dios (masculino, por supuesto), encontró de esta forma la manera de adorar a una verdadera diosa, figura ancestral y pagana de la que carecía; pero asignándole un carácter de mera mediadora, que «interceda por nosotros», con el fin de salvaguardar la idea monoteísta, aunque sólo en teoría, porque en la práctica el catolicismo es politeísta. Es curioso reseñar que durante mucho tiempo a María se la consideraba simplemente santa María, y en ese sentido se puede comprobar que en Europa existen numerosas iglesias e incluso localidades que reciben el nombre de Santa María.

A lo largo del tiempo se fueron erradicando detalles de la biografía mariana que no gustaban o se apartaban de las ideas preconcebidas. Por ejemplo, el papa Pío V suprimió la fiesta de la Presentación de María en el Templo, conocida como la Candelaria, que se celebraba el 2 de febrero y se efectuaba a los cuarenta días del parto con el fin de que el sacerdote la purificara, la limpiara de pecado; como no es lógico celebrar un rito de purificación en este caso, puesto que se supone que María alumbró a Jesús sin pecado, se fue sustituyendo por otra Presentación, cuando María presentó al niño Jesús en el Templo, y se celebra el mismo día; aunque esta festividad está cayendo cada vez más en el olvido.

Durante la «edad de las tinieblas», como se conoce la comprendida entre los siglos VI y VIII, sólo en los monasterios se mantenía cierta erudición, pero siempre dentro de la ortodoxia ordenada por el Papa. Los monasterios eran, además, muy potentes en poder y en riqueza, pues habían conseguido dominar a los poderosos y convencerles de que sus donaciones eran la mejor forma de asegurarse la salvación eterna (un sistema que se puede calificar de timo descarado). Los famosos templarios, organización autorizada por el papa Honorio II en 1128 durante las Cruzadas, llegaron a tener tal poder que provocaron la envidia y el temor de la camarilla papal; para combatirlos se les acusó de herejía en 1307, y fueron cruelmente asesinados entre 1312 y 1314, bajo las órdenes del papa Clemente V.

En la Edad Media fue tomando forma y fuerza la idea de María como mediadora entre Dios y la humanidad. Se acude a María en busca de consuelo, de refugio y de seguridad, de forma que no se podía distinguir entre adoración e intercesión. Sin embargo, en contra de esa imagen de bondad y de amor maternal, se encuentran representaciones de una María guerrera, combativa e incluso vengativa; exactamente como ocurría con las diosas paganas del amor y de la guerra, como Ishtar, Amat, Afrodita o Minerva. Felipe IV, en España, la proclamó «Patrona de los Ejércitos», y aún sigue siendo la «patrona», e incluso «generala», de numerosos cuerpos armados, como la Infantería y la Guardia Civil; incluso se le han concedido condecoraciones por su ayuda en la victoria... ¡callándose las derrotas! También se la ha simbolizado como diosa del Infierno que intercede por los pecadores, imagen de indudable origen pagano.

La Iglesia católica se ha recreado en el terror al infierno, pero con el fin de paliar tanto miedo se ideó una posible escapatoria al castigo eterno mediante el concepto del purgatorio, adonde van a parar las almas para su purificación antes de ir al Paraíso. En esta idea encaja perfectamente el culto a María como intercesora de las «ánimas del purgatorio».

Pero todo esto no es tan antiguo, el dogma de la Inmaculada Concepción comenzó su proceso con el papa Gregorio XVI en 1831, y fue ratificado en 1854 por el papa Pío IX, quien aprovechó el Concilio Vaticano I, en 1870, para declarar el dogma de la infalibilidad del Papa en sus definiciones sobre la fe y la moral. Por la bula correspondiente, María no tenía pecado original, y «gracias a su perfecta resistencia era incapaz de pecar»; en su vida estuvo «libre de concupiscencia y fue el ser creado más perfecto, después de Jesús». Sin embargo, en ningún Evangelio o escrito, canónico o no, se hace referencia a que María estuviera exenta de pecado.

La Iglesia necesitaba la «aprobación celestial» del dogma; de pronto (¡oh, casualidad!), una niña analfabeta, débil mental y con una fuerte inestabilidad emocional, hija de un convicto y de una alcohólica, Bernadette Soubirous, asegura haber visto en dieciocho ocasiones a la Virgen en Lourdes, y que le ha dicho, entre otras cosas, que era la Inmaculada Concepción. Increíblemente, estas declaraciones fueron admitidas de inmediato por toda la cúpula vaticana, pues venían a «confirmar» la «verdad» del dogma. La Iglesia ha sabido aprovechar las «apariciones» de María para «ratificar» determinadas doctrinas, al poner en boca de ésta su explícita aprobación y el rechazo a las ideas heterodoxas, por ridículas y supersticiosas (!).

La Iglesia quiere distinguir entre una «visión imaginaria», que se produce en la mente, y una «aparición», que se ve con los ojos y permite oír los mensajes que comunica a los fieles; además, las apariciones santifican los lugares donde se producen y conceden a los fieles el privilegio de ganar indulgencia plenaria (o sea, que no tienen que pasar por el purgatorio) al peregrinar a esos sitios y, de paso, si lo piden fervorosamente, consiguen la curación de un determinado enfermo y promueven el turismo de la zona. Yo creo que más no se puede pedir.

La ciega credulidad con que los católicos admiten las visiones de niños analfabetos y neurasténicos revela claramente su anhelo por asegurarse de que su fe es digna de crédito. De esta forma se vieron «reforzados» los cuatro principios de la vida de María: su Inmaculada Concepción, su Maternidad Divina, su Perpetua Virginidad y su Asunción a los cielos en cuerpo y alma, sin pasar por el trance de la muerte. Los relatos sobre la Asunción están claramente inspirados en antiguas leyendas procedentes de Oriente.

Muerto el último apóstol nadie puede revelar algo que no esté en la Biblia. Eso enseña la Iglesia, mientras le conviene; pero como en este caso no le conviene, admite las revelaciones de las supuestas apariciones. ¿En qué quedamos?, ¿por qué unas veces es una cosa y cuando interesa es otra?, ¿no es muy poco seria esta actitud?, ¿es posible creerles en algo?

A María se le otorgan atributos divinos, como la ubicuidad (capacidad de estar presente a un mismo tiempo en todas partes), la perennidad y la inmortalidad. Sin embargo, no se le otorgan ni la omnisciencia ni la omnipotencia, al menos teóricamente, porque en la práctica, para los católicos, la Virgen lo sabe todo y lo puede todo.

La mariología se fundamenta hoy en la identificación de María con la Iglesia, como «Esposa de Cristo» y «Reina de los Cielos» y, como tal, aparece simbólicamente coronada para demostrar su jerarquía y superioridad sobre las demás mujeres, de esta forma se hace patente que ha vencido a las debilidades humanas y a la muerte. Pero no se la presenta como una madre viuda, sino como la amada Sulamita del *Cantar de los Cantares,* como la «Esposa de Cristo». María es la imagen de la Iglesia y la Iglesia es la imagen de María. Pero hasta 1964 no se concede a María un nuevo título, el de Mater Ecclesiae.

María ha sido y es objeto de adoración porque representa la atracción innata en el hombre hacia su madre. Decía Carl Jung: «Es el arquetipo de la feminidad grabado en el subconsciente del hombre desde sus primeros movimientos en el útero.» La imagen seductora de las diosas paganas y de María, que se presentan como mujeres jóvenes, cargadas de amor maternal, sabias y experimentadas, cala fácilmente en el subconsciente humano.

Curiosamente, María, que representa la perfecta maternidad, queda exenta de cualquier tipo de relación sexual, así como de parir y de todo lo que supone ser madre, salvo la función de dar el pecho. Esto se debe a que la leche poseía un significado mítico; todas las diosas paganas dan de mamar a sus hijos. Por su parte, la Iglesia ha impuesto y sigue imponiendo a las mujeres la castidad y la virginidad; sostiene que el impulso sexual, innato y básico en el ser humano, es pecaminoso.

Como María era absolutamente pura, se hizo necesario que hubiese otra mujer que tipificase la actitud de los Padres de la Iglesia con respecto a la mujer y el sexo, una actitud muy clara con las solteras: o vírgenes o prostitutas. No son capaces de concebir una mujer soltera, que no sea virgen ni cortesana; así de simples son. Ese prototipo de mujer recayó en María Magdalena, a la que se ha asignado el papel de prostituta arrepentida y penitente. Así se consiguió olvidar la tradición, muy posiblemente cierta, de que María Magdalena había sido la compañera de Jesús. En la iconografía cristiana es difícil distinguir a María Magdalena de María Egipciaca, tenidas las dos por rameras y ambas ejemplo de arrepentimiento y de perdón, una especie de diosas del amor.

Existen evidentes analogías de todo tipo entre el culto a las diosas paganas, a la Magna Mater de Oriente Medio, y el culto actual a María. Los textos antiguos, incluso los escritos sumerios de hace cinco mil años, son equivalentes a los textos cristianos.

Las divinidades femeninas han estado siempre muy vinculadas a la Luna, pues se le atribuían poderes mágicos y vivificadores, gobernaba las mareas, las inundaciones y la menstruación en las mujeres; los griegos llamaban al rocío «agua lunar». La Iglesia rápidamente absorbió su simbolismo, tanto para María como para sí, al asegurar que reflejaba la luz del Sol, de Dios. Precisamente el culto al Sol, *Helios*, fue un poderoso inspirador del cristianismo, hasta tal punto que obligó a cambiar la fiesta de la Natividad, que se celebraba el 6 de enero, por el 25 de diciembre, día de la arraigada fiesta del Sol naciente, las populares fiestas saturnales. La serpiente que pisa la Virgen en sus representaciones es un símbolo más complejo que el de la Luna; por un lado, encarna el poder y la justicia, y por otro, la perversidad y la sensualidad. Todos los símbolos que se han atribuido a la Virgen son idénticos a los que se adjudicaban a las diosas paganas de la fertilidad. La Luna, las estrellas, la serpiente y el agua representan los misterios de la vida, el nacimiento y el crecimiento, sobre los que se supone que las mujeres ejercen su dominio absoluto.

Por una traducción defectuosa, se asegura que Dios profetizó la definitiva victoria de una mujer sobre Satanás; la traducción correcta se limita a decir que siempre existirá una lucha entre las serpientes y las mujeres; no se explica la razón de esa pelea absurda. Ante este error de traducción, en el Concilio Vaticano II, en 1964, se declaró que la Virgen no había actuado sola en la victoria sobre Satán, sino que había cooperado con su Hijo. Lo que no se sabe es qué victoria fue ésa.

María es un icono de la perfección femenina, la mujer ideal, el ejemplo para todas las mujeres, construido sobre las equivalencias entre bondad, maternidad, pureza, dulzura... y, por descontado, sumisión. Todas las organizaciones eclesiásticas nuevas, como el Opus Dei, los Legionarios de Cristo, la Legión de María, los Caballeros de la Inmaculada, la Acción Católica, los Caballeros de Colón, etcétera, etcétera, desde su fundación se consideran bajo el patrocinio de la Virgen María. Sin embargo, la leyenda de la Virgen se acabó, el código moral que supone está agotado; perdurará en su romanticismo y su boato, pero hoy está vacío de significado moral.

Ultílogo

Los mitos han llegado a formar parte de la historia de los pueblos. Los dioses mitológicos fueron la personificación de las fuerzas naturales, y más tarde representaron aspectos de los pensamientos y actos humanos, con sus virtudes y sus defectos. Pero en el mito, como muy bien dice Roland Barthes, «las cosas pierden la memoria de que una vez fueron hechas..., el verdadero principio del mito es transformar la historia en naturaleza». Por otra parte, es indudable que no hay mitos eternos. Es preciso señalar que las religiones se mantienen porque creen que todo lo que nos sucede es trascendental, para lo cual han asegurado siempre que el hombre era el centro del universo, dando fundamento a la inagotable vanidad humana.

Se han recogido en este libro los datos que nos han sido legados sobre las vidas de María y de Jesús. El lector habrá podido observar que muchos de los escritos no sólo narran las cosas de modo diferente, sino que incluso son contradictorios y ¡bien diferentes de los que la Iglesia oficial ha impuesto! Debido a la falta de datos fidedignos, hemos podido observar que las leyendas y las fantasías, recogidas en las tradiciones, pueden llegar a extremos increíbles, aunque posiblemente con un trasfondo de verdad. Es de sobra conocido que «no hay nada nuevo bajo el sol», lo que se ha podido confirmar, una vez más, al comprobar que la vida de Jesús es un calco, con muy ligeras variaciones, de la de Krishna, y coincide en lo fundamental con las vidas de Tammuz, Osiris, Dionisos, Buda, Mitra, etcétera. (Véase Cuadro comparativo al final de la obra.) Es decir, han estado muy flojos de imaginación.

Antes del cristianismo el Sol estaba en Tauro y se sacrificaba un toro, como «chivo expiatorio». Con el cristianismo el Sol entró en Piscis y se inmolaba un cordero. Estamos entrando en Acuario, esperemos que no tengan que dar muerte a nadie.

Los escritos que recogen las enseñanzas de Jesús no aportan ni una sola idea nueva, todo lo que manifiestan ya había sido dicho en el Código de Hammurabi y en las religiones de Egipto, la India y Grecia. ¿Cómo es posible que un Dios baje a redimir a la humanidad (¿de qué?) y no aporte ni una sola idea nueva? Por otra parte, como hemos visto, existen numerosas y contradictorias versiones de los hechos. Además, está demostrado que esos escritos han sufrido numerosas interpolaciones, enmiendas y añadidos, lo que les quita toda autoridad. La idea de una ley inamovible revelada por Dios es incompatible con el pensamiento racional; para éste, toda ley debe ser racional, pragmática y adaptable a las circunstancias. Es evidente que los cristianos carecen del sentido del logos, todas sus creencias son opuestas al pensamiento griego y a las leyes racionales.

Los sentidos no siempre nos muestran la realidad de las cosas, por lo que no queda otro camino que recurrir a la ciencia para desentrañar las incógnitas de la vida y acercarnos cada vez más a la verdad. La opinión es una mezcla de verdad y de error. Las «revelaciones» de la Iglesia están en contra de la razón e incluso del sentido común. Por eso sólo es posible creer en aquello que se puede comprobar.

Una de las características del hombre es la facultad de dudar, de investigar y de equivocarse; el sabio refranero español dice: «Quien no duda no sabe cosa alguna.» Las creencias deben fundamentarse en la razón. Los que creen sin examen todo lo que se les dice son presa fácil de los charlatanes y timadores. La Iglesia induce a no reflexionar, diciendo que no es preciso investigar, que sólo hay que creer, y que esa fe es la que nos salvará. La historia demuestra que para los cristianos las palabras «libertad» y «librería» tienen la misma raíz, por lo tanto ambas deben desaparecer. Difunden que el conocimiento es un obstáculo para llegar a Dios o para alcanzar la verdad y se esfuerzan por desacreditar a la ciencia, porque les aterra ver que está desentrañando todos sus «misterios» y sus «revelaciones» y está refutando todos sus mitos, leyendas y falsedades.

El filósofo Daniel Dennett escribe: «Los científicos pueden apoyarse en fórmulas que no comprenden si se convencen de que otros expertos las comprenden. Los creyentes se proclaman incapaces de comprender aquello que creen.» Y añade: «El científico dice *creo que* en el sentido de *pienso que* y no en el sentido de *tengo fe.*»

Dice Lüdemann acertadamente: «Se construyen castillos en el aire, cada uno más hermoso y atractivo que el anterior, y luego se contempla el conjunto como la firme ciudadela de la verdad revelada, expresión que significa, en realidad, que la palabra de Dios es entregada en privado a ciertos beneficiarios selectos cuya integridad en la materia nos piden luego que aceptemos ciegamente como un acto de fe.»

A pesar de que no se han encontrado documentos históricos fidedignos sobre la existencia de Jesús y de su imagen claramente solar, hoy casi nadie duda de que fue un judío que vivió, predicó y murió en Palestina. Debió de ser un hombre excepcional, un hombre singular que deseaba cambiar las condiciones de vida y las relaciones humanas a través del amor. ¿Una utopía? Pues sí, una utopía, pero el mundo se mueve y se desarrolla por las fantasías, por el deseo y el esfuerzo para que esas ilusiones puedan llegar a realizarse... ¡y muchas se han conseguido! Nunca el hombre es más sublime que cuando lucha por hacer realidad una utopía.

El pretendido Mesías no llegó enviado por Dios, ni por una Inmaculada Concepción, ni por una Virgen (como hemos visto, sobre ambas ideas existen fundadas dudas), sino por sus discípulos, quienes decidieron que se realizasen en él una serie de profecías del Antiguo Testamento, y por las ideas de Pablo, que se empeñó en que Jesús, transformado en Cristo, fuese Dios. Los judíos cristianos asignaron a María, retrospectivamente, el papel de madre (inmaculada y virgen) de Jesús y a éste el de Hijo de Dios y Dios mismo.

Toda la fe cristiana se fundamenta en un hecho subjetivo, indemostrable e interesado: la Resurrección de Jesús. Es más, los relatos de ésta se contradicen y están llenos de incoherencias, como hemos visto. ¿Todo esto es un colosal fraude? Hoy por hoy no se puede contestar con rigor a esta pregunta, pero todo indica que es así y que todo ese tinglado se sostiene por la compacta y amplia red de intereses y la potencia económica de la Iglesia.

Decía en mi trabajo *La Biblia al desnudo* que si Dios existiera, se notaría mucho, no creo que se pueda dudar de esto. Sobre todo si tenemos en cuenta las catástrofes causadas por la ambición del hombre, guerras y genocidios constantes, y por la naturaleza, como el maremoto del 26 de diciembre de 2004, que causó cerca de trescientos mil muertos y asoló extensas zonas de varios países. Ante estos hechos, y si admitimos la existencia de Dios, sólo cabe pensar en un Dios indiferente al dolor humano o, lo que es peor, un Dios sádico que disfruta haciendo sufrir a unos seres que él mismo ha creado.

El todopoderoso Dios de los creyentes podría haber creado una libertad en la que no tuviese cabida el mal, puesto que si éste existe es porque él lo ha querido así. Pero resulta que el mal le ofende, con lo que se llega a la conclusión de que estamos ante un caso claro de masoquismo. Por otra parte, la Iglesia católica se empeña en reproducir en sus fieles la Pasión de Jesús, recurriendo a toda clase de medios, como cilicios, penitencias, vía crucis, los tenebrosos «ejercicios espirituales», etcétera. Con ello, transforma la religión en una especie de ofrenda sadomasoquista.

Se nos ha puesto como modelo perfecto, digno de imitación, la llamada Sagrada Familia, compuesta exclusivamente por María, José y Jesús, olvidando al resto de los hijos e hijas. Si se refieren a una familia de tres miembros, contribuye negativamente al aumento de habitantes, pues no cubre la tasa de reposición. Si se refieren a una familia unida y cariñosa, hemos podido ver que en realidad no era tan perfecta. Las acusaciones que sufría María no la dejan en muy buen lugar, y no asiste a la Pasión, muerte y Resurrección de su hijo. Y éste, al resucitar, no se aparece a su madre. A José prácticamente ni se le nombra y no debía de estar demasiado contento con lo que se decía de María. Jesús repudia cruelmente a sus padres y a sus hermanos y hermanas. No parece, por tanto, que fuera un modelo de convivencia, amor y comprensión.

Aseguran los creyentes que la religión proporciona al hombre confianza en sí mismo, bienestar moral y seguridad, pero no cabe duda de que también proporciona miedo, inseguridad y angustia. Casi todas las religiones predican el amor al prójimo, pero también casi todas han matado y matan para proteger y expandir sus creencias, contribuyendo y fomentando la intolerancia y la violencia. Las religiones deberían ser factores de integración social, pero han creado sociedades enfrentadas entre sí por el mero hecho de no comulgar con las mismas ideas.

A pesar de todo lo dicho, algunos creen que hoy existe un movimiento de regreso a la religión, a lo sagrado. Pero es fácil comprobar que no es así, todos los pueblos se están percatando de que las circunstancias han cambiado y están cambiando de forma drástica y de que las antiguas formas de fe no aclaran las cosas, ni cubren las necesidades, ni siquiera consuelan. De esta situación se quieren aprovechar los de siempre para inducir a las gentes a «volver a las esencias, volver a los orígenes», y lo único que han conseguido es fomentar el fundamentalismo.

Los fundamentalistas, tanto los religiosos como los políticos, están convencidos de poseer la Verdad (con mayúscula, porque para ellos sólo hay una: la suya). En función de esa creencia matan y se dejan matar. Muchos de ellos pertenecen a sectas en las que, mediante un riguroso lavado de cerebro, les exigen una creencia ciega y un acatamiento pleno a sus normas; esto les afecta gravemente dejando su coeficiente intelectual bajo mínimos. Se puede observar que entre los conservadores, la mayoría de ellos fundamentalistas, el orden y la estabilidad social son más importantes que la libertad, y miran con nostalgia hacia una época pasada de mandato y de imposición. En su espiritualidad, si es que tienen alguna, el símbolo y lo sagrado están íntimamente unidos; creen en lo que les dicen, y rechazan toda duda y todo pensamiento racional.

Los fundamentalistas creen que luchan contra los enemigos de sus valores más sagrados, por eso la modernización, el pensamiento racional, pragmático, adaptable y científico no supone para ellos una liberación, sino una intolerable invasión. En su lucha tratan de convertir el «mito» de su religión en un «logos», en un pensamiento racional y pragmático, al decir que sus dogmas son científicamente válidos, con lo cual han conseguido crear una auténtica parodia tanto de la religión como de la ciencia. Es conveniente señalar que la Iglesia católica es la única que impone a sus seguidores la obligación de creer en determinados dogmas de fe, definidos como verdades infalibles por estar sancionadas por el Papa.

El fundamentalismo surge así como una medida defensiva, contra un enemigo inconcreto que se plasma en la invasora modernidad, que trata de destruir sus «principios fundamentales». Esta postura revela un profundo temor a ser aniquilados, y para combatirlo se refugian en la fe tradicional. Este terror al humanismo laico es tan irracional que conduce a la paranoia. Un ejemplo de ello lo tenemos en la visión paranoica de Estados Unidos (o quizá sólo de Bush y sus asesores) sobre la existencia de un «eje del mal» que trata de exterminarles, una gran conspiración a la que es preciso combatir con todos los medios, legales e ilegales. También muchos países árabes creen que Occidente trata de eliminar el islamismo. No cabe duda de que ambos están equivocados, pero es un error que nos puede llevar a la hecatombe. Camino de ella vamos, si no se rectifica a tiempo.

Es cierto que cuando cambian las cosas, los hombres se sienten desorientados y ansiosos, lo que les lleva a sentir una pérdida de identidad y una sensación de impotencia. De esto se están sirviendo los fundamentalistas (que los hay en las tres religiones semitas y en todos los «patriotismos») para desarrollar una verdadera teología del odio; han desechado toda idea de tolerancia, de compasión y de integración, y las han sustituido por pensamientos de odio, de venganza y de repulsa. Sirva como ejemplo la siguiente frase: «El plano de santidad que nos pide el Señor está determinado por tres puntos: la santa intransigencia, la santa coacción y la santa desvergüenza» *(Camino, 387)*, a la que se añade: «Una cosa es la santa desvergüenza y otra la frescura laica» *(Camino, 388)*. Con semejantes mentalidades no es posible entenderse, ni siquiera dialogar. Está comprobado que los que menos saben sobre la posible demostración de sus creencias más fanáticos son.

La Iglesia católica, fundamentalista por esencia, lucha por subsistir de forma desesperada, por eso ha pasado de un Papa fundamentalista, como fue Karol Wojtyla, a otro que también lo es, como Joseph Ratzinger. No sabe, o no quiere saber, que eso va a precipitar su inexorable ocaso. El tiempo nos dará la razón.

No cabe duda de que la sociedad actual, como las anteriores, necesita un mito, una ideología, pero siempre que vaya acompañado de un pensamiento racional y pragmático. Más que nunca es necesario el diálogo, la comunicación y la tolerancia. Mientras esto no sea así, las religiones monoteístas estarán enfrentadas entre sí; los creyentes y los laicos estarán más divididos que nunca, lo que presenta todos los síntomas de terminar en catástrofe. Desafortunadamente ya lo estamos sufriendo.

Es inconcebible que en el siglo XXI, en el que la mayoría de las personas no puede alegar ignorancia ni superstición, se sigan creyendo cosas absurdas e infundadas. Para desgracia de la humanidad, los Derechos del Hombre, la Libertad, la Igualdad y la Fraternidad, que tan acertadamente proclamó la Revolución Francesa, aún no se aplican en todos los países y tienen que luchar en Occidente contra la insaciable Iglesia católica, temerosa de perder sus desorbitados privilegios.

Algunos pueden pensar que los principios de la Revolución Francesa son utopías; sin embargo, la historia demuestra que con esfuerzo y con tesón se han conseguido no pocos hitos beneficiosos para la humanidad. Es necesario luchar para no perder lo conseguido y para alcanzar cotas más altas en la libertad, en la igualdad y en la fraternidad de los hombres.

La armonía de la vida en sociedad se basa en el principio de tolerancia mutua y en el de la libertad de conciencia, porque las creencias religiosas pertenecen al ámbito de lo estrictamente personal. Y estos principios sólo se pueden garantizar en un Estado laico y mediante una escuela laica, obligatoria, mixta y gratuita. La escuela ha de poner a disposición de todos los niños y niñas, sean pobres o acomodados, una enseñanza de calidad que ofrezca igualdad de oportunidades, lo que es factible si el Estado la financia y fija sus normas. Es evidente que esto sólo se puede lograr con una República, porque las monarquías, aparte de obsoletas e injustas, son elitistas por naturaleza, y porque la República no admite la diferencia de derechos, aunque reconoce y garantiza el derecho a la diferencia.

El que desee que sus hijos vayan a escuelas privadas deberá correr con todos los gastos que ello suponga, sin ningún tipo de ayuda estatal, y teniendo en cuenta que las enseñanzas que impartan los centros privados han de estar aprobadas y controladas por el Estado. El que esto no sea así ha conseguido que España ocupe un vergonzoso último puesto en calidad de enseñanza. Y esto lo vamos a pagar muy caro, porque el principal agente de desarrollo, de progreso y de bienestar es el hombre, y si no está formado e informado mal puede realizar su cometido. Las consecuencias ya las estamos pagando.

Si este ensayo ha conseguido eliminar, aunque sea en una mínima parte, la ignorancia, me doy por más que satisfecho.

Salud, amable lector.

Madrid, mayo de 2006

CUADRO COMPARATIVO

SUCESOS	Jesús	Krishna	Buda	Horus	Attis	Mitra	Dionisos	Zoroastro
Nace el 25 diciembre de una virgen	× María	× Devaki	× Maya	× Isis-Meri	× Nana	× Una piedra	× Sémele	× Dodo
Hijo de Dios	×	×	×	×	×	×	×	×
Fue perseguido	Herodes	Un rey	Un rey	Seth	×	×	×	×
Linaje real	×	×	×					×
Enseñó a los doce años	×	×	×	×				
Vida desconocida	×	×		×				
Fue bautizado	×	×	×	×				
Fue tentado	×	×	×	×		×		
Realizó milagros	×	×	×	×	×	×	×	×
Se transfiguró	×	×	×	×	×	×		×
Entrada triunfal	×	×					×	
Fue ajusticiado	×	×	×	×	×	×	×	×
Frases rituales	×	×	×	×	×	×	×	×
Desciende al infierno	×	×	×	×	×	×	×	×
Resucita al tercer día	×	×	×	×	×	×	×	×
Asciende a los cielos	×	×	×	×	×	×	×	×
N.º de discípulos	12	12	12	12	12	12	12	12
Volverá	×	×	×			×	×	

Glosario

Creo conveniente, para aclarar las cosas al lector, hacer un resumen de algunos conceptos, de las sectas que existían y de las primitivas corrientes de pensamiento hasta el Renacimiento.

AGNOSTICISMO. Actitud filosófica que ni niega ni afirma la existencia de Dios. Rechaza toda creencia religiosa. Proclama la libertad de conciencia.

ALBIGENSES. Véase cátaros.

APOLOGISTAS. Pretendían fusionar el helenismo con el cristianismo.

ARRIANISMO. Fundado por Arriano (256-336), sacerdote de Alejandría. Sostenía que el Hijo, al ser engendrado por el Padre, no era eterno, ni unisustancial *(homo-ousios)*, ni igual al Padre, todo lo más podía ser semejante; estaba en contra de la identidad de esencia del Padre y el Hijo *(homoi-ousios)*. Creía que Jesús, en todo caso, era el mejor de los hombres creados por Dios. Fue anatematizado en el año 321, luego absuelto hasta que en el Concilio de Nicea (convocado por

Constantino) fue definitivamente excomulgado. Sus ideas se extendieron y la lucha contra la Iglesia oficial fue feroz hasta que desaparecieron en el siglo VII.

ATEÍSMO. Niega la existencia de Dios. Cree en la voluntad, en el trabajo y en las virtudes morales del humanismo, rechazando toda intervención divina. Proclama la libertad de conciencia.

CÁTAROS. Del griego *katharoi,* que significa *los puros,* eran también conocidos como «hombres buenos» y como «cristianos incomprendidos». Movimiento del siglo XIII que, según parece, procedía de seguidores del persa Mani (siglo III) y del obispo romano Novaciano. Se extendieron por Italia, Francia y España; en Francia se les conocía como albigenses, por tener su sede principal en la ciudad de Albi, al sureste del país; en Aragón se les conocía como valdenses. Eran puritanos, ascetas, anticlericales, antisacramentales, rechazaban el latín, predicaban el contacto directo con Dios, no admitían el juramento e imponían prohibiciones alimenticias y sexuales. Condenaban el matrimonio y la procreación. Creían en la transmigración de las almas y que la vida consistía en la lucha constante entre el bien, el espíritu, y el mal, la materia. Se dice que poseyeron un Grial depositado en Montségur y que tuvieron relaciones con los templarios. El papa Inocencio III impulsó una cruzada contra ellos, no sólo por sus ideas religiosas sino por predicar y escribir en «lenguas vulgares». Ante la imposibilidad de distinguir a los católicos de los cátaros, el Papa ordenó: «Matad a todos, pues Dios ya escogerá a los suyos.» Aunque fueron vencidos en batalla, sus ideas siguieron extendiéndose, por lo que se recurre a una nueva y espantosa forma de represión: en 1232 se crea la Inquisición, formada por inquietantes tribunales, dependientes del Papa y sometidos por los dominicos. La indefensión de los acusados ante la Inquisición, las refinadas torturas y las inauditas sentencias han sido paradigmas de crueldad, arbitrariedad e inhumanidad durante siglos. Se puede asegurar que en el siglo XIV los cátaros o albigenses habían sido totalmente eliminados.

COLIRIDIANOS. Secta de sacerdotisas originaria de Tracia.

CREACIONISMO. Creencia de que Dios crea un alma para cada ser humano, a los cuarenta días de la concepción para los hombres y a los ochenta días para las mujeres. Hoy día se aplica a la creencia en el relato de la creación del universo y de la vida humana que aparece en el *Génesis,* en contra de las ideas científicas verificadas.

DEÍSMO. Creencia en la existencia de Dios, pero con atributos conformes con la razón natural. Rechaza la revelación y el culto externo.

DEMIURGO. Para Platón, es la causa eficiente sin la cual es imposible que ninguna cosa pueda nacer. La acción del demiurgo no es creativa, sino imitativa y productiva, por lo tanto no puede asimilarse al Dios judeocristiano, que crea de la nada. Para los gnósticos, el demiurgo era el alma universal, el principio activo del mundo. Un ser mediador entre el espíritu y la materia. Se entendía comúnmente como una deidad malvada.

DOCETISMO. Rama gnóstica. Creían que la naturaleza humana de Jesús era sólo aparente y no real, así lo consideraban más divino; es decir, sus sufrimientos sólo fueron aparentes.

DONATISMO. Seguidores del obispo de Cartago Donato (siglo IV). Sostenían que los sacramentos impartidos por sacerdotes en pecado no eran válidos, por lo que sufrieron una violenta persecución, pero no se extinguieron hasta el siglo VII. Se consideraban a sí mismos cristianos perfectos y la «Iglesia de los mártires».

EBIONITAS. Se consideraban herederos legítimos de la Iglesia de Santiago. Creían que Jesús fue el Mesías después de haber sido bautizado o iniciado por Juan; pero no se le consideró nunca Dios, sino un enviado humano. Para ellos, Pablo era un traidor y un advenedizo.

ESENIOS. Ascetas y místicos hebreos. Formaron una comunidad, en el siglo II a. E. C., una secta monacal en la que se entraba previa rigurosa iniciación; tenían una disciplina férrea y compartían sus bienes. Eran abstemios y odiaban la mentira y la violencia. Sus escritos fueron descubiertos en Qumrán. Trataban de vivir la fe mosaica lo mejor posible. Eran dualistas y predeterministas, también eran nacionalistas y antipaganos. Posiblemente Jesús perteneció a esta secta, aunque su doctrina no coincide con la de los esenios.

EVEMERISMO. Doctrina creada por el filósofo griego Evemero (siglos IV y III a. E. C.) según la cual los dioses no eran seres mitológicos sino reyes y héroes antiguos que habían sido divinizados en virtud de sus hazañas y de sus aptitudes.

FARISEÍSMO. Ortodoxos, acataban las leyes escritas y orales de la Torá y eran principalmente laicos; formaban una especie de partido político. Su origen se remonta al siglo II a. E. C. Se les tenía por separatistas porque querían apartarse de los que consideraban impíos. Creían en la inmortalidad del alma, en la resurrección de los muertos y en un premio o castigo al morir. Según los Evangelios, fueron enemigos de Jesús, pero en realidad éste estaba más próximo a ellos que a otras corrientes del judaísmo. De ellos surgió el movimiento rabínico, después de la caída de Jerusalén en el año 70, diferenciado en dos corrientes principales: la de Hillel y la de Shammai.

FIDEÍSMO. Creen que no se puede alcanzar la verdad sólo con la razón, es necesario recurrir a la fe, a la revelación divina.

GNOSTICISMO. De raíces anteriores al cristianismo, inspiradas en la mística de Platón, con evidentes influencias del orfismo, del *Avesta*, de la religión egipcia y del budismo. Toleraban varias creencias y textos «sagrados», y se pueden distinguir tres clases de gnosticismo: el pagano, el judío y el cristiano. Estos últimos creían que los verdaderos cristianos se tenían que convertir en un *cristo* mediante el conocimiento místico, gnosis, superior a toda ley moral y adquirido por uno mismo (sin necesidad del sacerdote). Suponían que conservaban las enseñanzas de Jesús mejor y más puras que la Iglesia oficial. No exigían una fe ciega. Interpretaban las Escrituras simbólicamente. Fueron considerados herejes, a pesar de que el cristianismo primitivo era fundamentalmente gnóstico.

HENOTEÍSMO. Adoran a un solo Dios, pero reconocen la existencia de otros dioses. Un estado intermedio entre el politeísmo y el monoteísmo.

ICONOCLASTAS. Condenaban la adoración de imágenes y reliquias.

ICONÓDULOS. Adoraban a las imágenes y a las reliquias.

LITERALISTAS. Interpretaban las Escrituras, en especial

los Evangelios, al pie de la letra; idea asumida por la Iglesia oficial.

LOGOS. Tiene el sentido de razonamiento, de pensamiento. Se podría traducir por cálculo, medida, discurso, explicación, estimación, definición, etcétera. Radica en la manifestación del pensamiento, en cómo razonar sobre algo, en cómo enunciar la diferencia entre una cosa y otra, en una palabra, en definir. Es la argumentación racional.

MANDEÍSMO. Su nombre proviene de la palabra *manda*, que significa «conocimiento secreto». Era una secta gnóstica dualista, próxima al maniqueísmo. Persisten en la actualidad, y son conocidos como «Cristianos de San Juan». Se consideran a sí mismos descendientes de los nazarenos.

MANIQUEÍSMO. Doctrina de Maniqueo o Manes (216-277), príncipe persa, quien sostenía la existencia de dos principios creadores, uno para el bien y otro para el mal. La meta del hombre debe ser conseguir separar el *yo* bueno, divino, del *yo* malo, demoníaco; esto sólo lo pueden alcanzar muy pocos y a base de la renuncia a todo tipo de placeres. Fundan en ello el orden jerárquico: por un lado los elegidos, con un pontífice maestro, y por otro los simples fieles. Se opusieron al cristianismo y al mazdeísmo, por lo que fueron muy perseguidos. Existe una gran analogía entre su doctrina y la de los cátaros.

MARCIONISMO. Fundada por Marción de Sinope, escritor y teólogo griego (85-160); según algunos era un samaritano antijudío y formaba parte de la hermandad terapeuta. Fue excomulgado por su padre, obispo de Sinope. Demostró en su libro *Antítesis* que el Antiguo Testamento y el Nuevo Testamento se contradicen. Creía en un Dios bueno, que vive en el cielo, y un Dios justo, inferior al anterior, creador del mundo (que coincide con el Dios del Antiguo Testamento), y responsable de todos los males que afligen a la humanidad. Sostenía que a este último se había opuesto Jesús sustituyendo la ley por el amor. Sus ideas se expandieron rápidamente, lo que causó graves daños a la Iglesia, que tardó en rehacerse. Se le supone autor del primer Evangelio.

MARCOSIANOS U OSAENOS. Practicaban el matrimonio sagrado y ofrecían ritos sexuales a la diosa de la fertilidad.

MARONITA. Iglesia de los siglos VI y VII, condenada por sus creencias monotelitas.

MISTERIOS GRIEGOS. Creían que el ser humano estaba compuesto de un *yo* inferior y mortal, el *eidolon*, en el que se encarnan el cuerpo físico y la personalidad, y un *yo* superior e inmortal, el *daemon*, que es el verdadero *yo*, la conciencia personal, el alma única del Universo y la relación de la persona con Dios. Los misterios —el más famoso fue el de Eleusis— se crearon para que los iniciados llegaran a comprender y asumir que su verdadera identidad era el *daemon*; existían cuatro niveles de identidad:

1.º Físico o hílico. Los que sólo se identifican con su cuerpo. No son conscientes del *daemon*.

2.º Psicológico o psíquico. Los que se identifican con su personalidad *(psyche)*. Son conscientes del *daemon*, pero como un «ángel de la guarda». Del nivel físico al psicológico se pasa por medio del bautismo con agua.

3.º Espiritual o pneumático. Engloba a los que se identifican con su espíritu. Son conscientes del *daemon*, como su propio *yo* superior. Del psicológico al espiritual se pasa mediante el bautismo por aire.

4.º Místico o gnóstico. Abarca a los que se identifican de forma mística, como expresión del *daemon* universal e inmortal. Son conscientes de sí mismos (gnosis). Se pasa a este nivel mediante el bautismo de fuego.

Como llegar a este último nivel es muy difícil en una vida, surgió la idea de la reencarnación para llegar a alcanzar la total liberación, como en el hinduismo y el budismo. Los de un nivel superior consideraban «muertos» a los de nivel inferior, en especial los de nivel psíquico con respecto a los de nivel físico. El paso de un nivel a otro superior se consideraba una auténtica «resurrección».

Se creía entonces que el Universo estaba compuesto por cuatro elementos: Tierra, Agua, Aire y Fuego. Se puede apreciar que se corresponden con los niveles de identidad. El hombre tiene su origen, su primer nivel, en la Tierra, y puede perfeccionarse pasando al segundo nivel por medio del Agua, al tercero por el Aire y al cuarto por el Fuego.

MITO. Del griego *mythos*. Para Homero significa palabra, discurso, trama, proyecto. Según Sócrates es el revestimiento fantástico de un hecho real. Platón lo define como «narración sobre dioses, divinidades, héroes y el más allá». Muchos consideran que el mito esconde, de forma alegórica, verdades profundas y enseñanzas morales, y le dan, incluso, una interpretación esotérica. Hoy se considera que el mito proporciona la narración y estructura religiosa básica. El pensamiento mitológico no precisa ser demostrado y, en ese sentido, es opuesto al logos, es decir, a la argumentación racional.

MITRAÍSMO. Religión de misterios que adoraba al dios persa Mitra, un dios celeste identificado con frecuencia con el Sol. Mitra era un dios salvador, redentor y juez. En el origen, según la mitología, Mitra degüella al Toro, símbolo de la vida, de cuya sangre nace la existencia. Sus textos no se conocen, por ser una doctrina exclusivamente para iniciados. Con las legiones romanas, sus ideas se extendieron por todo el mundo conocido. Fue el principal competidor del cristianismo. La Iglesia oficial no consiguió eliminarlo hasta el siglo IV.

MONOFISISMO. Herejía sostenida por Eutiques, un monje del siglo V. Creía que Jesús no tuvo dos naturalezas, una divina y otra humana, sino sólo la divina.

MONOLATRÍA. Creencia en un solo Dios, pero reconocían la existencia de otros dioses.

MONOTEÍSMO. Creencia en un solo Dios.

MONOTELISMO. Herejía aparecida en el siglo VII. Creían que Jesús tuvo dos naturalezas, una divina y otra humana, pero sólo una voluntad, la divina.

MONTANISMO. Fundado por Montano de Frigia, que se creía el «Paráclito», en el siglo II, ayudado por dos mujeres, Priscila y Maximila. Exhortaban a la continencia y al martirio, convencidos de la inminente llegada de la parusía. Eran antijerárquicos, pues creían en la superioridad de los profetas sobre los obispos; fueron los feministas de la época. Todo ello provocó la implacable persecución de la Iglesia; a pesar de eso sus ideas se extendieron mucho.

NAZARENOS. Eran los principales guerreros y llegaron a ser considerados salvadores del pueblo y enviados de

Yahvé. Eran ascetas; no se cortaban el pelo más que con fines rituales, pues consideraban que el cabello era un símbolo de santidad y de fuerza y representaba los rayos del sol. Creían que Jesús no era hijo de Dios, sino un profeta seguidor de Juan el Bautista, pero inferior a éste, y que no fue el Mesías hasta que fue bautizado por Juan. Es muy posible que Jesús perteneciera a esta secta.

NESTORIANISMO. Fundado por Nestorio (año 451), patriarca de Constantinopla, creía que María no fue madre de Dios, sino de un hombre llamado Jesús, y que éste tuvo dos naturalezas y dos personas.

PANTEÍSMO. Rechaza la idea de un Dios personal, porque cree que Dios está en todo el universo y se identifica con éste.

PARUSÍA. Con esta palabra se designa la creencia en el regreso de Cristo a la Tierra al final de los tiempos para «juzgar a vivos y muertos». Jesús profetizó el inmediato final, pero como no se producía, la Iglesia proclamó que se trataba de un suceso intemporal que dependía de la voluntad de Dios.

PELAGIANISMO. Defendido por el monje inglés Pelagio, Celestio de Éfeso y Julián, obispo de Eclana, entre los siglos IV y V. Creían que el hombre podía alcanzar la salvación con sus propias fuerzas. Recomendaban el ascetismo, no admitían la transmisión hereditaria del pecado original, creían que el pecado no invalidaba el mérito de las buenas obras e introdujeron el debate sobre la gracia y el libre albedrío. Esta herejía fue ferozmente perseguida.

POLITEÍSMO. Creencia en varios dioses.

PRISCILIANISMO. Del obispo de Ávila Prisciliano; acusado de conducta inmoral y de mago, fue ejecutado.

Tenía ideas dualistas y apoyaba las reivindicaciones sociales.

SADUCEÍSMO. Auténtico partido político y religioso hebreo, su fundación se atribuye a Sadoc, sacerdote de la época de Salomón. Ortodoxos, aunque helenistas. Conservadores, constituían la aristocracia judía, oponiéndose a los fariseos y a la doctrina de Jesús. No creían en la inmortalidad del alma, la resurrección de los muertos, en los ángeles, etcétera. Desaparecieron después de la destrucción del Templo (año 70). Una rama gnóstica fueron los zadoquitas, que, según parece, escribieron los manuscritos del Mar Muerto, aunque para otros fueron escritos por los zelotes o galileos. Deseaban ser los líderes de Israel y de toda la humanidad y constituían «la hermandad de las túnicas blancas», en contraposición a los hijos de Set, que iban con túnicas negras.

SAMARITANOS. Descendientes de los asirios, pero practicantes del judaísmo, aunque terminaron rompiendo sus lazos con Israel. Tenían un templo independiente y esperaban su propio mesías. Los judíos les llamaban «perros».

SICARIOS. La rama más exaltada de los zelotes. Eran auténticos terroristas urbanos, atacaban de improviso y se escabullían entre la gente.

TEÍSMO. Creencia en un solo Dios, trascendente, omnipotente, omnisciente, personal, implicado y relacionado en la creación y conservación del universo y de la vida, pero distinto de la creación. Es la creencia oficial del cristianismo.

VALENTINIANOS. Para ellos la Iglesia estaba compuesta por los míticos y los místicos.

ZELOTES O GALILEOS. Para unos, eran unos fanáticos

bandidos, para otros, eran la rama activista de los fariseos. Intransigentes y guerrilleros, lucharon contra Roma. Pudieron ser los autores de los manuscritos de Qumrán. Pertenecieron a esta secta Pedro, Judas y posiblemente Jesús, por eso se le llamaba *Galileo*.

Índice onomástico

Aarón, sacerdote, 42
Abaris, dios griego, 144
Abdí, antepasado de José de Nazaret, 69
Abel, hijo de Adán y Eva, 75
Abia, antepasado de José de Nazaret, 70
Abiatar, sumo sacerdote, 49
Abiud, antepasado de José de Nazaret, 71
Abraham, 29, 56, 67-68, 102, 116, 156
Acaz, antepasado de José de Nazaret, 70
Acta Apostolorum, 125, 147
Acta Pilati, 139
Adán, 20, 62, 67, 74-75, 131, 141, 156
Addas, galileo, 140
Adonai, ángel gnóstico, 52
Adonis, amante de Afrodita, 26, 134, 137
Adriano, emperador romano, 31, 136
Afrodisio, gobernador de Sotina, 78

Afrodita, diosa griega, 163
Ageo, galileo, 140
Ahrimán, espíritu del mal del zoroastrismo, 102-103
Ahura Mazda, dios supremo del zoroastrismo, 26
Alejandro, hijo de Cireneo, 39
Alejandro, rey de Macedonia, 57, 130
Amat, hermana y esposa del dios Baal, 50, 58, 163
Aminadab, antepasado de David, 68
Ammonio, evangelista apócrifo, 81, 117
Amón, antepasado de José de Nazaret, 70-71
Amós, antepasado de José de Nazaret, 70
Ana, profetisa, 73
Ana, madre de María, 39-42, 156, 159
Anás, sumo sacerdote, 55, 98, 124, 142
Anaxarco, mártir, 124
Andrés, apóstol, 104, 155

Anficraos, culto a, 144
Anfíloco, culto a, 144
Anfión, semidiós griego, rey de Tebas, 57
Antínoo, culto a, 144
Antítesis, 186
Apócrifo de Santiago, véase *Epístola esotérica de Santiago*
Apolo, 56, 144
Apolonio de Tiana, el Nazareno, 29, 65
Apostolicon, 19
Arám, antepasado de David, 68
Arfaxad, antepasado de Abraham, 68
Aristeo, dios griego, 144
Arriano, sacerdote de Alejandría, 181
Asá, antepasado de José de Nazaret, 70
Asherat, diosa cananea, 43
Asia, véase Litsia
Asím, antepasado de José de Nazaret, 71
Astophaios, ángel gnóstico, 52
Attis, dios, 28, 100, 137, 179
Augusto, emperador romano, 55
Azor, antepasado de José de Nazaret, 71

Baal, dios hebreo, 26, 43, 50, 58
Baco, dios romano, 28, 119
Baltasar, 74
Baltasar, rey mago, 73
Barrabás, preso indultado, 128-129
Barthes, Roland, 169
Bartolomé, apóstol, 104, 155
Beauvais, Vicente de, 155

Bernabé, apóstol, 14, 136, 146, 150
Betsabé, 46
Bhagavad Gita, 105
Biblia, 11, 22, 26, 45, 48, 50, 62, 73, 149, 164, 173
Booz, antepasado de David, 68
Buda, 28, 60, 102, 170, 179
Bultmann, Rudolf, teólogo cristiano, 65
Bush, George W., 175

Caifás, sumo sacerdote, 98, 124, 142
Cainán, antepasado de Abraham, 68
Cantar de los Cantares, 45, 50, 58, 165
Carino, relata la resurrección, 140-141
Celestio de Éfeso, 190
Celso, Aulio Cornelio, 53-54, 59, 65, 82, 97, 134
Ceres, diosa romana, 119
Cibeles, diosa romana de origen frigio, 56, 100
Cilicios, culto a, 144
Ciriaco, obispo de Jerusalén, 155
Ciro II el Grande, 60
Claudia Prócula, esposa de Poncio Pilatos, 126
Claudio Tiberio César, emperador romano, 142-143
Clemente Alejandrino, 148
Clemente Romano, tercer sucesor de san Pedro, 14
Clemente V, papa, 162
Cleofás, marido de María de Santiago, 42, 133
Cleofás, primer marido de Ana, madre de María, 39

Cleómanes, culto a, 144
Cleopas, 86
Código de Hammurabi, 170
Constantino, emperador romano, 32-33, 136, 182
Cosam, antepasado de José de Nazaret, 69
Cristo, *véase* Jesús
Cronos, dios griego, 26, 102, 121
Crossan, John Dominic, 23, 122

Daniel, profeta, 116
David, rey, 29, 48, 51, 67-70, 72, 92, 156
Deméter, diosa romana, 56
Dennett, Daniel, 171
Devaki, madre de Krishna, 179
Diálogo del Salvador, 21
Dimas, buen ladrón, 80, 132
Dionisos, dios griego, 28, 56-57, 65, 119, 144, 170, 179
Dodo, madre de Zoroastro, 179
Donato, obispo de Cartago, 184
Dostoievski, Fiódor, 51
Dularier, 155-157
Dúmaco, bandido, 80
Dyaus-Pitar, figura hindú del Dios-Padre, 94

Éaco, mitología griega, rey de Egina, 57
Eleazar, sumo sacerdote, 41-42, 71, 81
Elena, emperatriz, madre de Constantino, 136
Eleusis, misterios de, 119
Elí, antepasado de José, 70
Elí, Sol, en arameo, 26, 133
Eliacím, antepasado de José de Nazaret, 71

Eliakim, antepasado de José de Nazaret, 69
Elías, profeta, 26, 93, 149, 156
Eliazar, antepasado de José de Nazaret, 71
Eliecer, antepasado de José de Nazaret, 69
Eliud, antepasado de José de Nazaret, 71
Elmadam, antepasado de José de Nazaret, 69
Elohim, nombre de Dios en el Antiguo Testamento, 26
Eloi, ángel gnóstico, 52
Emmanuel, «Dios con nosotros», 51
Enoch, antepasado de Abraham, 68
Enós, antepasado de Abraham, 68
Epícteto, filósofo griego, 124
Epifanio, obispo de Salamanca, 109, 153
Epístola esotérica de Santiago, 21
Epístolas de Pablo, 125
Er, antepasado de José de Nazaret, 69
Eslí, antepasado de José de Nazaret, 70
Esrom, antepasado del rey David, 68
Eusebio, obispo de Cesarea, 65, 138
Eutiques, monje impulsor del monofisismo, 189
Eva, 20, 57, 59-60, 62, 75, 102, 156, 158
Evangelio árabe de la infancia, 72, 78
Evangelio armenio de la infancia, 18, 42, 48, 52

Evangelio cátaro de Pseudo-Juan, 19, 147
Evangelio de Ammonio, 19
Evangelio de Apeles, 19
Evangelio de Bartolomé, 19
Evangelio de Eva, 19
Evangelio de Felipe, 20, 22, 54, 108, 138
Evangelio de Juan, Nuevo Testamento, 16
Evangelio de Judas Iscariote, 19, 125
Evangelio de la muerte de Pilatos, 19
Evangelio de la venganza del Salvador, 19, 135
Evangelio de la Verdad, 20
Evangelio de los Cuatro Rincones, 19
Evangelio de los Ebionitas, 20
Evangelio de los Egipcios, 20
Evangelio de los Hebreos o de los Nazarenos, 16, 100
Evangelio de Lucas, Nuevo Testamento, 16, 100
Evangelio de Marcos, Nuevo Testamento, 16
Evangelio de María, 20, 108
Evangelio de Mateo, Nuevo Testamento, 16
Evangelio de Nicodemo, 18, 127
Evangelio de Pedro, 18, 130, 132, 141
Evangelio de Pseudo-Mateo, 18
Evangelio de Pseudo-Tomás, 18
Evangelio de Taciano o de los Encratitas, 19
Evangelio de Tomás, 20, 22
Evangelio de Valentino, 20-21, 108, 147
Evangelio del Señor, 16, 19
Evangelio del tránsito de la Virgen María, 19
Evemero, filósofo griego, 28, 184
Exequias de la Virgen, 154
Ezequías, antepasado de José de Nazaret, 70
Ezequiel, profeta, 50, 131

Falec, antepasado de Abraham, 68
Farés, antepasado de David, 68
Fátima, virgen de, 66
Felipe de Betsaida, apóstol, 20, 104, 155
Felipe IV, 163
Felipe, tetrarca de Iturea, hermano de Herodes Antipas, 98
Filón de Alejandría, filósofo judío, 17, 129
Fineo, galileo, 140
Flavio Josefo, historiador judío, 65, 99, 102, 129
Fraijó, Manuel, teólogo cristiano, 122

Gabriel, arcángel, 42, 51-52, 64, 155
Gamaliel, rabino, 84
Gaspar, rey mago, 73-74
Genna Marias, 153
Gestas, ladrón, 80, 132
Gregorio XVI, papa, 163
Gregorio Magno, papa, 39
Guichot, Alejandro, 95

Habacuc, profeta, 72
Hanan, *véase* Juan el Bautista
Hator, diosa egipcia, 100

Heber, antepasado de Abraham, 68
Hechos de Pilatos, 18
Helios, dios griego, 26, 166
Henoc, antepasado de David, 68
Heracles, héroe y semidiós griego, 26, 28, 56
Heráclito, filósofo griego, 160
Hércules, héroe y semidiós romano, 28, 142
Hermes, dios griego, 56
Hermitomo, culto a, 144
Herodes Antipas, tetrarca de Galilea, 18, 21, 74-76, 98, 110, 127, 130, 179
Herodes el Grande, padre de Herodes Antipas, 71
Herodías, esposa de Herodes Antipas, 110
Hesiodo, autor clásico griego, 92
Hillel, rabino, 84
Historias copta y árabe de José el carpintero, 18, 49, 62
Homero, autor clásico griego, 188
Honorio II, papa, 162
Horus, dios egipcio, 26, 28, 58, 65, 100, 102, 106, 179

Iao, ángel gnóstico, 26, 52
Ichtus, véase Jesús
Ies, véase Jesús
Ilda Baoth, ángel de las tinieblas, 52
Inocencio III, papa, 182
Ireneo, obispo de Lyon, 45
Isaac, hijo de Abraham, 58, 68, 116, 156
Isabel, madre de Juan el Bautista, 42-43, 53, 59, 76, 101, 156
Isabel, mujer del sacerdote Aarón, 42
Isabel, prima de María, 59, 101
Isacar, padre de Ana, 40
Isaías, profeta, 48, 50, 72, 78, 100, 131
Ishtar, diosa mesopotámica, 44, 108, 153, 163
Isis, diosa egipcia, madre de Horus, 26, 37, 58, 179

Jacob, hijo de Isaac, 51, 56, 68, 71, 126, 156
Jacobo, hijo de José de Nazaret y hermano de Jesús, 20, 39, 49, 58-59, 85, 96-97, 115, 129, 150
Jacobo de Alfeo, discípulo de Jesús, 104, 155
Jacobo de Zebedeo, discípulo de Jesús, 39, 112, 146, 148
Jahweh, *véase* Yahvé
Jecomías, antepasado de José de Nazaret, 71
Jehová, 26, 47, 50, 52, 77, 95-96
Jeremías, profeta, 50, 125
Jerónimo, san, 18
Jes, *véase* Jesús
Jeschua ben Pandera, *véase* Jesús de Nazaret
Jessé, antepasado de David, 69
Jesucristo, *véase* Jesús
Jesús, 11-13, 16-23, 26-34, 37-39, 42, 49, 51, 54, 56-60, 62-63, 65-67, 69, 71-73, 75-100, 102-103, 105-138, 140-150, 153, 155-160, 162-163, 166, 169-170, 172-174, 179, 181-182, 184-185, 187, 189-192
Joacím, antepasado de José de Nazaret, 71

Joaquín, padre de María, virgen, 39-42, 159
Joatám, antepasado de José de Nazaret, 70
Job, 102
Jonán, antepasado de José de Nazaret, 69
Jonás, 149
Jorán, antepasado de José de Nazaret, 70
Joreim, antepasado de José de Nazaret, 69
Josafat, antepasado de José de Nazaret, 70
Josafat, valle de, 156
José de Arimatea, 21, 135, 140, 148
José de Nazaret, padre de Jesús, 13, 27, 39, 48-49, 52-56, 58, 60, 62-64, 67, 69-72, 74, 76, 78, 80-88, 115, 127, 159, 173
José, antepasado de José de Nazaret, 69-70
José, hijo de Jacob, 126
José, *véase* Josefos
Josefos, hijo de José de Nazaret, 39, 58, 63, 115
Josías, antepasado de José de Nazaret, 65
Josué, antepasado de José de Nazaret, 69
Juan el Bautista, 16, 27, 33, 42-43, 53, 93, 96-98, 100, 103-104, 109-110, 184, 190
Juan *el Teólogo*, 154
Juan, evangelista y discípulo, 13, 31, 38-39, 59, 71, 99, 102, 104, 112, 115, 117-119, 130-133, 135, 143, 145-148
Juan, monje, *véase* Evangelio de Juan, 17
Juana, 143

Judá, antepasado de David, 68
Judá, antepasado de José de Nazaret, 44, 69
Judá, hijo de José de Nazaret, 21, 63, 115
Judá, tribu de, 29, 39, 72, 126
Judas Iscariote, 21, 79, 104, 118, 122-126, 136, 146, 150, 192
Judas, *véase* Judá (hijo de José de Nazaret y hermano de Jesús)
Judas-Jacobo Tadeo, 104
Julián, obispo de Eclana, 190
Jung, Carl, 165
Justo, *véase* Josefos

Karabás, *véase* Barrabás
Kennedy, John F., 14
Khrisna, 179, 28, 60, 75, 102, 150, 170

La Biblia al desnudo, 173
La Natividad de María, 18
Lamec, antepasado de Abraham, 68
Lázaro de Betania, 38-39, 79, 81, 117-118, 138, 146, 150
Leucio, relata la resurrección, 140-141
Leví, antepasado de José de Nazaret, 69-70
Leví de Alfeo, 104
Leví, maestro, 84
Leví, tribu de, 29
Leví, *véase* Mateo
Libro de Juan evangelista, 19
Libro de Juan, arzobispo de Tesalónica, 19
Libro de Tomás, el Atleta, 21

Libro sagrado del gran Espíritu invisible, 20
Lidia, hija de José de Nazaret, 63
Ligorio, Alfonso M.ª de, 159
Lisanias, tetrarca de Abilinia, 98
Litsia, hija de José de Nazaret, 63
Lo que oculta la Iglesia, 107
Loisy, Alfred, 95
Longinos, soldado, 134
Lourdes, virgen de, 66
Lucas, evangelista, 13, 38, 51, 65, 67-69, 88, 98, 102, 118, 130, 132-133, 135, 142-144, 147, 149, 153-154
Lüdemann, Gerd, 171

Maat, antepasado de José de Nazaret, 70
Mahoma, 102
Maimán, antepasado de José de Nazaret, 69
Malalel, antepasado de Abraham, 68
Manasés, antepasado de José de Nazaret, 70
Mandane, madre de Ciro II el Grande, 60
Manes, *véase* Maniqueo
Maniqueo, príncipe persa, 186
Marción de Pontus, 19, 31
Marción de Sinope, escritor y teólogo, 186
Marcos, evangelista y discípulo, *también* Juan Marcos, 13, 17, 38-39, 58-59, 71, 102, 104, 117, 123, 130, 132-133, 141-143, 145, 147, 149, 155
Marduk, dios mesopotámico, 137
Mari, diosa, 37

María de Betania, 38-39, 81
María de Cirene, esposa de Simón Cireneo, 39
María de Cleofás, hermana de Jesús, casada con Cleofás, 104, 133
María de Cleofás, hermana de María, hija de Ana y Cleofás, 39, 42, 85, 132, 150
María de Jacobo, 39, 132, 133, 143
María de Magdala, *véase* María Magdalena
María de Santiago, *véase* María de Cleofás, hermana de María, virgen
María de Zebedeo, esposa de Zebedeo, madre de Jacobo y Juan, 39, 132
María Egipciaca, 166
María Magdalena, 20-21, 38, 107-109, 111, 118, 132, 136, 143-144, 146, 150, 166
María Salomé, hermana de María, virgen, 39, 132-133, 143, 150
María, madre de Juan Marcos, 39
María Escha (o Melcha), primera esposa de José de Nazaret, 39
María, virgen, madre de Jesús, 11, 13, 19, 21, 23, 28, 37-38, 40-41, 44-59, 61-65, 67, 72, 74, 76-82, 84-88, 101, 108-109, 114-115, 127, 146, 151, 153, 155-167, 169, 172-174, 179, 190
Maritala, madre de Krishna, 60
Marsias, dios filipino, 134
Marta de Betania, 38, 81, 118, 146, 150
Martín I, papa, 62

Mata-Meri, *véase* Isis
Matán, antepasado de José de Nazaret, 71
Matat, antepasado de José de Nazaret, 69
Matatá, antepasado de José de Nazaret, 69
Matatías, antepasado de José de Nazaret, 70
Mateo, evangelista y discípulo de Jesús, 13, 17-18, 20-21, 30, 38, 58, 65, 67-68, 70, 75, 93, 102, 104, 106, 117-118, 123-124, 130, 132-133, 142-143, 145, 147, 155
Matusalén, antepasado de Abraham, 68
Maximila, cofundadora del montanismo, 189
Maya, madre de Buda, 60, 179
Melchor, rey mago, 73, 74
Meleá, antepasado de José de Nazaret, 69
Melquí, antepasado de José de Nazaret, 69-70
Miguel, arcángel, 64
Minerva, diosa romana, 163
Minos, mitología griega, rey de Creta, 57
Miqueas, profeta, 71
Miriam, *véase* María, virgen
Mirra, madre del dios Tammuz, 56
Mitra, dios persa, 28, 56, 137, 170, 179, 189
Moisés, 34, 107, 112, 114-116, 138, 149, 156
Moloch, divinidad judía, 141
Montano de Frigia, fundador del montanismo, 189

Naasón, antepasado del rey David, 68
Nacor, antepasado de Abraham, 68
Nana, madre de Attis, 179
Nangai, antepasado de José de Nazaret, 70
Natám, antepasado de José de Nazaret, 69
Natanael, 145
Nathan, 147
Naúm, antepasado de José de Nazaret, 70
Nerí, antepasado de José de Nazaret, 69
Nestorio, patriarca de Constantinopla, 190
Nicodemo, fariseo, 104, 127-128, 130, 133, 135, 140-141, 148
Noé, 68, 156
Novaciano, obispo romano, 182

Obed, antepasado de David, 69
Odín, dios escandinavo, 134
Ofión, serpiente mitológica griega, 102
Oraios, ángel gnóstico, 52
Orfeo, semidiós griego, 28, 142
Orígenes, filósofo cristiano, 114
Oseas, profeta, 50, 131
Osías, antepasado de José de Nazaret, 70
Osiris, dios egipcio, 28, 102, 116, 119, 137, 142, 144, 170
Otah, dios-padre egipcio, 94

Pablo de Tarso, 14, 16, 19, 29-33, 56, 58-59, 132, 138, 147, 155-156, 172, 184

Pan, dios griego, 103
Pandera, centurión, 54
Pantherus, *véase* Pandera
Parogithá, hermana de María, virgen, 41
Pedro, apóstol y discípulo de Jesús, 16, 20, 87, 93-94, 104, 108, 112, 120, 123, 130-133, 135, 138, 143, 145-146, 148-149, 155-156, 192
Pelagio, monje inglés, 190
Perseo, semidiós griego, 57, 75
Petronio, centurión, 135
Pío V, papa, 159, 162
Pío IX, papa, 41, 163
Pío XII, papa, 153
Pitágoras, matemático y filósofo, 57, 142
Platón, filósofo griego, 57, 182, 185, 188
Plinio, historiador y naturalista romano, 65
Poncio Pilatos, gobernador de Judea, 18-19, 21, 98, 126-130, 135, 142-143
Poseidón, dios griego, 56
Priscila, fundadora del montanismo, 189
Prisciliano, obispo de Ávila, 190
Prometeo, semidiós griego, 28
Protoevangelio de Santiago, 17

Quetzalcoatl, dios azteca, 28, 102
Quirino, cónsul romano, 71
Qumrán, *véase* Rollos del Mar Muerto

Ra, dios-sol egipcio, 26, 80-81
Rafael, arcángel, 64

Ragán, antepasado de Abraham, 68
Raquel, mujer de Jacob, 40, 56
Rasdel, arcángel gnóstico, 52
Ratzinger, Joseph, 176
Rebeca, mujer de Isaac, 58
Remo, fundador de Roma, 25
Renan, Ernest, 22
Resá, antepasado de José de Nazaret, 69
Reyes II, 50
Reyes Magos, 20, 65, 72-77
Roboam, antepasado de José de Nazaret, 70
Rollos del Mar Muerto, 22, 95-96, 192
Rómulo, fundador de Roma, 25
Rubén, sacerdote, 40
Rufo, hijo de Cireneo, 130
Rut, antepasada del rey David, 46

Sabaoth, ángel gnóstico, 52
Sabiduría de Jesucristo, 21, 147
Sadoc, antepasado de José de Nazaret, 71, 191
Salatiel, antepasado de José de Nazaret, 69, 71
Salé, antepasado de Abraham, 68
Salmón, antepasado de José de Nazaret, 68
Salomé, hija de Herodías, 110
Salomé, hija de José, 39, 77
Salomé, marido de Ana, 39, 42, 57
Salomé, *véase* María Salomé
Salomón, rey, 47, 67, 69-70, 191
Samuel, profeta, 40
Sansón, 40
Santiago el Joven o el Menor,

véase Jacobo (hijo de José de Nazaret)
Santiago el Mayor, *véase* Jacobo de Zebedeo
Sara, esposa de Abraham, 40
Sargón, rey de Acad, 75
Saruc, antepasado de Abraham, 68
Satán, *véase* Satanás
Satanás, 81, 91, 101-103, 114, 141, 148, 167
Saturno, dios romano, 26
Sem, hijo de Noé, 67-68, 156
Semein, antepasado de José de Nazaret, 70
Sémele, madre de Dionisos, 57, 179
Septuaginta, 22
Serapis, dios egipcio, 17, 28, 94, 95
Set, tercer hijo de Adán y Eva, 20, 116, 191
Seth, dios egipcio, 67, 74-75, 156, 179
Shekinah, representación femenina del antiguo dios hebreo, 47
Simeón, apóstol, hijo de José de Nazaret, 63, 69, 73, 76, 140, 155
Simón de Cirene, el Cireneo, 39, 130
Simón *el Leproso*, 117
Simón Pedro, *véase* Pedro
Simón Zelote, *véase* Pedro
Simón, hermano de Jesús, 58, 115
Sócrates, filósofo griego, 98, 106, 188
Soubirous, Bernadette, 163
Suetonio, historiador romano, 65
Sulamita, 165

Taciano, apologeta cristiano, 65, 98-99, 104, 106-107, 117, 119, 133, 143
Taciano, 67-70
Tácito, Cayo Cornelio, historiador romano, 65
Tadeo, discípulo de Jesús, 104
Tamar, nuera de Judá, antepasado de José, 44, 46
Tammuz, dios babilónico, hijo y esposo de la diosa Ishtar, 44, 56, 153, 170
Taré, antepasado de Abraham, 68
Teodosio II, emperador romano, 32
Teseo, héroe griego, 142
Tiberio César, emperador romano, 21, 98, 130
Tito, hijo de Vespasiano, 147
Tito, rey de Aquitania, 147
Tomás el Dídimo, apóstol, 20-21, 86, 104, 145, 155, 157
Tránsito de la bienaventurada Virgen María, 154

Uriel, arcángel, 64

Valentiniano III, emperador, 32
Verónica, 128
Vespasiano, emperador romano, 147
Vishnú, dios hindú, 134

Waite, Arthur Edward, 14
Wojtyla, Karol, 176

Yahía, *véase* Juan el Bautista
Yahvé, 26, 43, 74-75, 77, 190

Yanai, antepasado de José de Nazaret, 70
Yared, antepasado de Abraham, 68
Yoanán, antepasado de José de Nazaret, 69

Zacarías, padre de Juan el Bautista, 42-43, 48-49, 53, 76, 116
Zaquías, maestro judío, 84
Zaratustra, *véase* Zoroastro
Zebedeo, padre de Jacobo y Juan, discípulos de Jesús, 39, 104, 120, 145
Zeus, dios griego, 75, 93, 94
Zoroastro, profeta persa, 28, 102, 179
Zorobabel, antepasado de José, 69, 71

Índice

Galeato 11
Orígenes del mito 25
Nacimiento e infancia de María 37
María, núbil y madre 47
Nacimiento e infancia de Jesús 65
Vida pública de Jesús 91
Pasión y muerte de Jesús 121
Resurrección y Ascensión de Jesús 137
María, de madre a diosa 153
Ultílogo 169
Cuadro comparativo 179
Glosario 181
Índice onomástico 193

OTROS TÍTULOS
DE LA COLECCIÓN

¿QUIÉN NECESITA A LAS MUJERES?

Fernando Rueda

«Sí, me he acostado con Juan, ¿qué pasa? No pongas esa cara de carnero degollado. Es mejor que lo sepas de una maldita vez...»

Y de pronto, sin sospecharlo ni quererlo, Sergio se encuentra con una nueva vida: una ex mujer que intenta sacarle el dinero que no tiene, una hermana que trata de modernizarle sin que él vea la necesidad, una hija a la que no sabe ni acompañar al baño, una novia cuya juventud y desparpajo le desbordan, y un montón de libros que le enseñan complicadas técnicas para ligar...

Por eso no es de extrañar que en algunos momentos de desesperación se engañe pensando: *¿Quién necesita a las mujeres?*

Fernando Rueda, con un tono ágil y divertido, nos adentra en las relaciones entre hombres y mujeres, pero desde una perspectiva innovadora: la de un hombre de nuestro tiempo.

DIOS MÍO... ¿POR QUÉ?

Abbé Pierre

El Abbé Pierre, fundador del movimiento Emmaüs de ayuda a los sin techo, nos ofrece en este libro su verdadero testamento espiritual. A los noventa y tres años y tras una intensa vida de fe cristiana, se atreve a afrontar preguntas, convicciones e interrogantes con total libertad de espíritu y una sinceridad conmovedora.

El pecado original, el celibato y la castidad en los sacerdotes, el fanatismo religioso, el lugar de la mujer en la Iglesia, el matrimonio homosexual... Nada escapa a su reflexión sobre el sentido de la vida cristiana.

Fuerte y valiente, este libro ha provocado una conmoción en la sociedad francesa, país en el que ha vendido 150.000 ejemplares en diez días.

Apreciado por su labor con los pobres y por cantarle las cuarenta a gobernantes y papas, una vez más el Abbé Pierre ha vuelto a sorprender.

SOY LA VERSIÓN XP
HETEROSEXUAL FELIZMENTE DIVORCIADA

Ana Flor Raucci

SOY LA...
La nueva mujer versión XP...

Eso es lo que decidió un buen día nuestra protagonista, cambiarse el nombre porque éste se ajustaba más a su vida: Soy la que lavo, Soy la que plancho, Soy la que echo gasolina, Soy la que pago las cuentas... y así emprendió un nuevo camino de mujer «felizmente» divorciada.

Con gran sentido del humor y bajo el lema «Soy libre y el cielo es el límite» descubre que tiene piernas, que existe algo llamado lencería y lo que quieren decir los hombres cuando susurran palabras de amor mirando tentadoramente tu trasero: Bella + Inteligente + Divertida + Trabajadora + Tiempo Maravilloso a tu lado = Buscar otra mujer.

Terriblemente sincera, la nueva mujer versión XP se atreve a contar las reuniones de mujeres en que se venden aparatitos sexuales denominados «El Gran Novio» con la intención de contentar a «la Loca» que llevamos dentro, o la soledad, el rechazo, la perplejidad que se siente en el mundo cambiante de las relaciones personales.

Ironía, valentía y complicidad en un libro en el que se sentirán retratadas muchas mujeres y que dejará boquiabierto a más de un hombre.